아주 세속적인 지혜

400년 동안 사랑받은 인생의 고전

발타자르 그라시안 지음 | 강정선 옮김

아주 세속적인 지혜

Baltasar Gracián y Morales

P page2

이 책에는 17세기 최고의 작가로 평가받는
발타자르 그라시안의 잠언 300개가 담겨있습니다.

1647년 출간된 원서의 순서를 그대로 가져왔으며,
원문에는 제목이 없었으나,
이해를 돕기 위해 편집부가 추가 수록했습니다.

400년 전의 지혜가
오늘의 문제를 해결합니다.

세속적이지만 무엇보다 현실적인 지혜를
하나하나 읽어나가며
삶에서 유용한 무기로 활용하시길 바랍니다.

지식이 없는 사람은 불빛이 없는 세상과 같다.

지혜와 힘은 우리의 눈과 손처럼 서로 돕는 관계이다.

용기가 없는 지식은 무익할 뿐이다.

하나의 온전한
사람이 된다는 것

모든 것이 정점에 달했다. 특히 개인이 출세하는 데 필요한 기술을 쌓기가 과거보다 힘들어졌다. 지금 단 한 명의 현인을 배출하는 것은 과거 그리스에서 일곱 명의 현인을 배출하는 것보다 힘들다. 게다가 마을 사람 전체를 대하는 일보다 한 사람을 대하는 일에 더 많은 노력이 필요하다.

인성과 지성이
조화로운 삶을 추구하라

인성과 지성은 우리의 능력을 이루는 양대 산맥이다. 둘 중 하나라도 부족하면 반쪽짜리 행복일 뿐이다. 인성이 중요한 이유는 지성만으로 충분하지 않기 때문이다. 인성과 지성이 받쳐주지 않으면 자신의 지위는 물론 일과 이웃, 친구를 얻는 데 실패한다. 어리석은 자에게는 불운이 닥치기 마련이다.

신비주의는
신의 방식이다

상대방에게 처음부터 모든 것을 내보이지 마라. 신비주의 전략은 당신의 가치를 높여줄 것이다. 눈앞에 놓인 카드 패를 바로 이용하는 것은 쓸데없는 짓이다. 생각을 조금씩 드러낼수록 상대방은 기대할 것이고, 당신이 중요한 위치에 있다면 더 많은 관심이 쏠릴 것이다. 모든 일에 신비주의를 살짝 섞는 것만으로 당신은 추앙받을 수 있다.

당신의 입장을 너무 구체적으로 설명하지 마라. 평범한 대화에서도 자신의 진짜 속마음을 드러내지 않아야 한다. 신중한 침묵은 지혜의 성소다. 해결책을 너무 구체적으로 밝히면 그 가치가 떨어진다. 이는 비판의 여지를 남길 뿐이다. 만약 그 해결책이 실패한다면 당신은 갑절의 피해를 볼 것이다. 신의 방식, 즉 신비주의 전략을 써서 다른 이들의 경이로움을 유발하고 이목을 집중시켜라.

경지에
오른다는 것

우리는 완벽하지 않다. 최고의 경지에 올라 탁월함과 성취를 이루기까지 매일 인격을 수양하고 삶의 목적을 발전시켜야 한다. 경지에 오른 사람은 순수한 취향, 분명한 생각, 성숙한 판단, 굳건한 의지를 보면 알 수 있다. 경지에 도달하지 못하여 항상 부족함을 느끼는 사람도 있고 뒤늦게 무르익는 사람도 있다. 경지에 오른 사람은 지혜로운 말과 신중한 행동을 하며 이들 곁에는 신중한 사람이 모여든다.

윗사람을
이기려 하지 마라

모든 승리는 증오를 낳는다. 따라서 윗사람을 이기려는 것은 멍청하며 위험한 짓이다. 우월한 감정은 언제나 혐오스러운 것인데 하물며 윗사람을 우월함으로 맞서는 것은 어떠하랴. 눈에 띄는 의상으로 잘생긴 외모를 가리는 것처럼 눈에 띄는 특별함으로 우월함을 감추는 기지를 발휘할 줄도 알아야 한다. 운 좋게 앞서가는 것을 허락하는 인격적인 사람을 만날 때도 있지만 대부분은 그렇지 않다. 가장 높은 지위에 있는 사람은 더 그렇다.

분별력이란 왕의 특권이며 그것을 요구하는 사람은 불경죄를 저지르는 사람이다. 자신을 도와주도록 허락할 때는 있지만 자신을 뛰어넘는 것은 허락하지 않는다. 왕은 자신이 깨닫지 못하는 것을 깨닫도록 인도해 주는 사람을 원하지 않는다. 다만 자신이 잊고 있던 사실을 일깨우는 완곡한 조언만을 원할 뿐이다.

별의 가르침이 그러하다. 별은 태양의 자녀이고 태양처럼 빛나지만 절대로 태양의 광채에는 도전하지 않는다.

충동을 지배하는 것은
가장 높은 수준의 깨달음이다

정욕이 없는 마음은 경지에 오른 마음이다. 경지에 달한
마음은 탁월하기 때문에 일시적인 충동에 좌지우지되지
않도록 자신을 지킨다. 자신의 마음을 다스리고 충동을
지배하는 것이 가장 높은 수준의 다스림이다. 이것이 바
로 자유의지의 승리다.

정욕이 사람을 지배하는 동안에는 높이 올라갈 수 없으
며, 정욕이 적을수록 더 높이 올라갈 수 있다. 따라서 자
신의 정욕을 다스리는 것은 추문에 휩싸이지 않을 수 있
는 가장 고상한 방법이며 좋은 평판을 얻을 수 있는 최고
의 지름길이다.

환경이 지닌
결점을 보완하라

지층을 타고 흐르는 물은 지층에 따라 더러워질 때도, 깨끗해질 때도 있다. 사람도 자신이 태어난 곳의 환경이 지닌 장단점에 모두 노출된 채 살아간다. 환경의 덕을 다른 사람보다 더 많이 보는 사람이 있기는 하지만, 가장 뛰어난 환경에도 결점은 있다. 자신의 환경이 지닌 결점을 고치거나, 그 결점이 드러나지 않도록 하는 사람이 가장 영리한 사람이다. 결점이 드러나지 않는 사람은 다른 사람에게서 신뢰를 얻을 수 있고, 그렇기 때문에 존경받는다. 자신의 직장, 나이, 그리고 가족에게도 결점이 있을 수 있다. 만약 이런 결점들을 잘 관리하지 않아 모든 결점이 그대로 드러난다면 결점들은 추악한 인간을 만들어내고 만다.

부는 잠깐일 뿐
명예는 영원하다

부는 변덕스럽지만, 명예는 오랫동안 지속된다. 부는 이 생을 위한 것이지만, 명예는 삶 이후를 위한 것이다. 부는 질투심에 맞서야 하지만, 명예는 망각에 맞서야 한다. 부는 열망해야 하며 때로는 행운이 따라줘야 이룰 수 있지만, 명예는 정직하게 주어지는 것이다.

명예욕은 자신의 정점에 달했을 때 생기며 과거부터 지금까지 거인들의 동반자다. 명예욕은 언제나 양극단으로 치닫는데, 그 결과는 둘 중 하나다. 지나친 명예욕에 사로잡혀 끔찍한 괴물이 되거나 빛나는 천재가 되는 것이다.

지혜로운 사람,
그 자체가 배움터다

가르침을 주는 사람과 친분을 쌓아라. 친근한 교제가 배움의 장이 되게 하라. 대화를 통해 배울 수 있는 분위기를 만들어라. 그 속에서 당신의 친구를 선생으로 삼고 즐거운 대화가 곧 배움이 되게 하라. 현명한 사람은 자신이 하는 말로 찬사를 얻고, 자신이 듣는 말로 배움을 얻는다. 평범한 사람은 자신의 흥미에 따라 사람을 따르지만 지혜로운 사람은 더 높은 목적을 가지고 사람을 사귄다. 지혜로운 사람이 귀족과 어울리며 그들의 집을 자주 드나드는 까닭은 그들의 집이 허영의 전당이라서가 아니라 훌륭한 교육 현장이기 때문이다.

지혜로운 사람은 행동으로 모범을 보이고 스스로를 고귀함의 신탁으로 만들며, 자기 주변 환경을 가장 훌륭한 지혜의 학당으로 만든다. 이것이 지혜로운 사람이 지혜롭다고 여겨지는 이유다.

기술은 탁월함으로 가는
디딤돌이다

자연이 재료라면 기술은 작품이다. 아무런 꾸밈이 없는 아름다움이란 존재하지 않는다. 기교가 뒷받침되지 않으면 그 누구도 탁월함에 이를 수 없으나, 기술로 해악을 바로잡고 바람직한 가치를 더 높일 수 있다. 우리는 자연 그대로의 날것을 제대로 이용할 수 없어 기술에 의지한다. 기술이 없다면 잠재된 자연의 힘을 활용할 수 없다.

또, 훈련하지 않으면 탁월함의 절반에도 미치지 못한다. 모든 사람은 날것 그대로의 능력이 있으며 탁월함을 성취하려면 이 능력을 갈고닦아야 한다.

고찰과 직관을 적절히
바꿔가며 사용하라

어떤 때는 두 번 생각해서 행동하고, 어떤 때는 직관에 의존하여 행동하라. 삶은 인간이 악의에 맞서는 전쟁터다. 현명한 사람은 상황에 따라 의도적으로 전략을 바꾸어가며 싸운다. 또 직접적으로 위협을 가하며 공격하지 않고 눈에 띄지 않는 것을 목표로 한다. 목표물을 드러내지 않기 위해 공격할 때는 화살 끝을 허공으로 조준했다가 예상치 못한 방향으로 쏜다. 상대방의 주의를 끌기 위해 목적을 드러내다가도 돌아서서 예상치 못한 습격을 한다. 통찰하는 사람은 상대방을 예의주시하여 예상치 못한 공격에 대비하고, 숨어 기다린다. 상대방의 노림수 반대편까지 내다보며 모든 속임수를 계산한다. 충동에 따라 행동하지 않고 두 번째, 심지어는 세 번째까지 기다린다. 현명한 사람은 상대의 속임수를 파악하고 그 즉시 더 높이 올라간다. 진실을 이용하여 속이며, 속임수를 바꾸기 위해 목표물을 바꾸기도 한다. 속이지 않음으로 속이고, 가장 솔직한 것에서도 속임수를 찾아낸다. 그렇기 때문에 이에 맞서는 상대는 더 많이 경계하고 빛에 가려진 어두운 곳까지 훑으며 모든 움직임을 해독하려 한다. 간단한 문제일수록 더 세심하게 파악해야 한다.

본질만큼
중요한 것이 방법이다

모든 일은 본질로는 충분하지 않다. 외적인 방식이 본질
못지않게 중요하기 때문이다. 예의가 없으면 모든 일을
망칠 수 있으며 이때는 이성과 정의도 소용이 없다. 예의
를 지키면 부족한 부분이 채워지고 거절의 말도 듣기 좋
아진다. 또 예의가 있으면 언짢은 진실도 기분 좋게 받아
들일 수 있으며 늙음에 아름다움을 더할 수 있다. 모든
일에는 그만큼 방식이 더 중요하다. 그중 예의가 있으면
상대방의 호감을 얻을 수 있다. 좋은 행동은 인생의 기쁨
이며 기분 좋은 태도로 어려움을 극복할 수 있다.

최고의 권위는 지혜로운 사람을 곁에 두는 것이다

권력을 가진 자는 자신의 밑에 최고의 지성인을 둔다. 이것이 그들의 특권이자 무지와 불확실의 두려움에서 벗어날 수 있는 방법이다. 지혜로운 사람을 이용할 수 있는 능력은 흔치 않다. 이는 다른 왕국의 군주를 노예로 삼을 만큼 포악했던 왕 중의 왕 티그라네스를 훨씬 능가하는 능력이다. 이 능력은 이생에서 가질 수 있는 최고의 권위이자 날 때부터 뛰어난 자를 발 아래에 둘 수 있는 능력이다.

지식 없이는 인생을 제대로 살 수 없다. 아는 것은 위대한 일이지만 인생은 짧다. 하지만 이런 능력을 지닌 사람은 배우지 않아도 뛰어난 지혜를 발휘한다. 다른 사람을 통해 많은 것을 얻으며 지혜로워지기 때문이다. 지혜로운 사람에게 들은 것을 대신 말하며 그들의 수고로움으로 얻은 지혜로 예언자라는 명성을 얻는다. 지혜로운 사람을 부릴 수 없다면 친구로라도 곁에 두어야 한다.

선한 목적과 지식은
성공을 보장한다

아무리 뛰어난 지성을 지닌 사람도 사악한 의지를 지니면 괴물이 될 수밖에 없다. 사악한 의지는 모든 탁월함을 타락시킨다. 사악한 의지에 지성이 더해지면 더 교묘하게 타인에게 피해를 준다. 하지만 이런 사람은 제아무리 뛰어나다 하더라도 결국 자멸할 수밖에 없다. 분별없는 지식은 어리석음만 더할 뿐이다.

남들의 예측을
벗어나라

같은 패턴으로 행동하지 마라. 특히 라이벌 앞에서 같은 패턴의 행동을 보이면 상대방의 주의를 분산시키지 못한다. 직선으로 날아가는 새는 사냥하기 쉽지만 이쪽저쪽 날아다니는 새는 잡기 힘들다. 그렇다고 너무 일관성 없이 행동하면, 오히려 당신의 수가 쉽게 간파되어 계획을 망칠 수 있다.

그렇다고 늘 두 번 생각해서 행동하지도 마라. 상대방은 당신의 두 번째 계획도 쉽게 알아차릴 수 있다. 적들은 늘 경계하고 있다. 경계를 피하기 위해서는 굉장한 기술이 필요하다. 도박꾼은 상대방이 예상하는 패는 절대 내지 않는다. 이것은 하물며 게임 판에서 겨루는 상대방이 원하는 바도 아니다.

탁월함을 만드는
두 가지 요소

노력과 능력. 탁월함에 이르려면 이 두 가지가 모두 필요하다. 능력에 노력이 더해지면 최고의 경지에 오를 수 있다. 평범한 사람이 노력하면 노력하지 않는 우월한 사람보다 더 많은 것을 얻을 수 있다. 노력의 대가로 명성이 따라온다. 노력이 적으면 그만큼 가치도 낮아진다. 재능이 부족해서 성공하지 못하는 게 아니라 노력이 부족해서 성공하지 못한다.

빛나는 명성을 얻기보다 적당히 성공하고 싶다는 말은 평범한 사람이 하는 변명일 뿐이다. 최고로 빛날 수 있는데도 보잘것없는 평범함에 만족해서는 안 된다. 타고난 능력과 기술, 두 가지 모두 필요하지만 결국 마지막을 완성하는 것은 노력이다.

시작부터 과한
기대를 하지 마라

우리 주위에는 사람들의 기대를 한 몸에 받다가 이를 이루지 못해 불행에 빠지는 유명 인사가 많다. 현실은 절대 상상한 대로 이루어질 수 없는 법이다. 상상은 머릿속에서 쉽게 만들 수 있지만 실현하기는 어렵다. 상상으로 품은 것에 희망을 더하면 자신이 지닌 능력보다 더 많은 것을 바라게 된다. 아주 뛰어난 사람일지라도 모든 기대를 충족하지는 못한다. 과도한 기대에 스스로 실망하면 열망하기보다 환멸을 느낄 준비를 하게 된다.

희망은 진실을 위조하므로 바람이 결과를 능가하지 못하도록 자신을 지켜라. 초반의 시도는 호기심을 자극하는 것으로 충분하다. 다만 초반에는 신뢰할 만한 수준으로 시도하되 결과물을 보장하거나 헛된 희망을 품지 말아야 한다. 결과가 계획보다 더 낫거나 현실이 생각했던 것보다 괜찮으면 더 좋기 때문이다.

반대로 나쁜 일에는 이런 규칙이 통하지 않는다. 나쁜 일은 부정적인 것이라 부풀려질수록 나중에 더 좋다. 생각보다 견딜 만하다고 여겨지면 되레 칭찬받기 때문이다.

모든 것에는
적기가 존재한다

사람은 시대를 타고 난다. 가장 훌륭한 사람도 시대를 벗어날 수 없다. 모든 사람이 시대를 잘 타고나는 것은 아니다. 설령 시대를 잘 타고났다고 해도 어떻게 활용할지 모르는 사람이 많다. 선한 사람이 항상 승리하는 것은 아니며, 시대를 잘 활용하는 사람도 있고 그렇지 못하는 사람도 있다. 모든 것은 저마다의 때가 있다. 그 시대의 유행에 따라 탁월함의 기준도 달라진다. 하지만 지혜로운 자의 정신은 불멸한다. 만약 이번 생이 그의 시대가 아니라면, 다음 생에서라도 그는 자신을 인정하는 시대를 맞이할 것이다.

행운에는
법칙이 있다

지혜로운 사람에게 우연한 일이란 없다. 행운이란 노력에 힘입어 주어지는 것이다. 어떤 사람은 행운의 문 앞에 서서 문이 열릴 때까지 그저 기다린다. 하지만 지혜로운 사람은 더 나은 행동, 즉 영특한 용기로 문을 밀고 앞으로 나아간다. 그리고 미덕과 용맹의 날개를 달고 행운의 여신에게 날아가 그녀의 호의를 산다. 진정한 깨달음의 길 위에서는 미덕과 통찰력이 최고의 잣대다. 지혜가 없으면 행운이 없고, 어리석음이 없으면 불운이 없다.

지식을
시의적절하게 활용하라

지혜로운 사람은 고상하고 품격 있는 학식으로 자신을
무장한다. 이런 사람의 학식은 전문적이며 실용적이지
만 천하지 않다. 지혜로운 사람은 방대한 양의 지혜와 재
치 있는 말솜씨를 겸비하고 품위 있는 행동을 하며 이를
상황에 맞게 적절히 구사할 줄 안다. 때로는 진지한 수업
보다 재치 있는 농담에서 더 많은 것을 배운다. 그리스의
7자유과(The Seven Arts, 고대 그리스 로마 시대의 전통 교육 과정_옮긴이)에
서 배운 지식보다 즉흥적으로 얻은 지식이 더 유용할 때
가 있다.

사소한 단점도
내버려 두지 마라

오점을 남기지 않는 것은 완벽함의 필수 조건이다. 육체
적이든 도덕적이든 단점이 없는 사람은 거의 없다. 하지
만 사소한 단점은 쉽게 고칠 수 있다고 생각하기 때문에
소홀히 하기 쉽다. 예리한 사람은 전반적으로 훌륭해 보
이는 사람의 결점도 잘 본다. 구름 한 조각이 태양 전체
를 가려버릴 수 있다는 사실을 기억하라. 악의를 가진 사
람은 사소한 흠도 계속 들추어낸다. 따라서 명예에 사소
한 흠이라도 있다면 그 흠을 감춰야 한다. 최고의 능력은
흠을 장식으로 바꿀 줄 아는 능력이다. 카이사르 황제는
자신의 흠을 월계관으로 숨기고 다녔다.

상상력을
통제하라

당신의 상상은 어디를 향하는가. 상상력을 바로잡을 때
도 있고, 상상력을 북돋을 때도 있어야 한다. 상상은 우
리의 행복에서 아주 중요하며, 심지어는 이성을 바로잡
아 주기도 한다. 하지만 어떤 사람은 그저 상상하는 데
그치지 않아서 상상에 자신의 삶을 잠식시킨다. 상상이
결국 행복으로 이어지느냐 마느냐는 사람에 따라 다르
다. 어떤 이에게 상상은 불이익과 굴욕적인 수치를 가져
다주는 것이고, 어떤 이에게 상상은 더없이 즐거운 행복
과 모험을 보장해 주는 것이다. 만약 분별력으로 상상
을 통제하지 않는다면 이 모든 일이 한꺼번에 벌어질 수
있다.

상대를 이해하는
눈치를 키워라

과거에는 대화할 수 있는 능력이 최고의 기술이었지만 지금은 이것만으로 부족하다. 눈치가 있으면 상대방에게 자신의 입장을 분명하게 전달할 수 있다. 자신을 이해하지 못하는 사람은 상대방에게 자신을 쉽게 이해시킬 수 없다. 물론 다른 사람의 의도와 핵심을 쉽게 간파하는 예언자와 같은 사람이 있기는 하지만 대다수는 그렇지 않다. 보통의 사람들은 중요한 진실이 항상 반쪽만 전해진다는 사실을 알고 있어야 하며, 주의 깊게 들어서 전체의 의미를 파악할 줄 알아야 한다. 듣기에 좋은 말을 들었을 때는 쉽게 믿지 않도록 고삐를 바짝 조이되 비판적인 말을 들었을 때는 그것을 자극제로 삼아라.

타인을 주도하려면
상대의 우상을 파악하라

상대방의 아킬레스건이 무엇인지 파악하라. 사람을 움직이는 기술이 바로 여기에 있다. 사람을 움직이는 데는 의지보다 기술이 더 중요하다. 어디서부터 시작할지를 먼저 파악해야 한다. 모든 의도에는 동기가 있으며, 동기는 사람의 성향에 따라 다르다. 모든 사람은 저마다 우상이 있다. 명예를 좇는 사람도 있고, 자기 이익에만 열중하는 사람도 있지만, 대부분은 쾌락을 추구한다. 또한 바람직하지 못한 기질을 가진 사람이 바람직한 기질의 사람보다 더 많다는 사실을 기억하라.

상대방을 움직이는 핵심 능력은 그 사람의 우상이 무엇인지 파악하는 데 있다. 상대방의 주 관심사와 동기를 파악하여 그 사람을 움직여야 한다. 상대방을 움직이는 원동력은 고귀한 동기가 아닌 가장 밑바닥의 본능일 수 있다. 상대방을 지배하는 욕망이 무엇인지 먼저 파악하고 그것으로 어필하여 행동을 부추겨라. 그러면 상대방의 자유의지를 움직일 수 있는 주도권을 쥐게 될 것이다.

밀도가
최고를 만든다

양보다는 질을 추구하라. 탁월함은 양이 아니라 질에 있다. 최고의 것이란 그 수가 적고 귀한 것을 말한다. 수가 많으면 그만큼 가치가 떨어지기 때문에 최고의 것이 될 수 없다. 거인이라 불렸지만 실제로는 난쟁이에 불과한 사람도 있다. 어떤 사람은 책의 가치를 두께로 판단하기도 한다. 하지만 양만으로는 절대 평범함을 뛰어넘을 수 없다. 모든 일에 정통하려 욕심내면 제아무리 다재다능한 사람일지라도 어느 곳에 이를 수 없어 불행해진다. 질로써 승부를 내야 탁월함을 얻을 수 있으며 숭고의 절정에 오를 수 있다.

평범한 사람이
되지 마라

위대한 자여! 평범한 취향에 만족하지 마라. 대중이 당신
의 행동으로 기뻐하는 순간에도 쉬이 만족하지 않으니
이 얼마나 지혜로운가! 분별력이 있는 사람은 대중의 찬
사에 쉽게 만족하지 않는다. 인기에 연연하여 이리저리
휘둘리는 카멜레온 같은 사람은 아폴로처럼 위대한 신
이 내리는 선물보다 대중의 칭찬에서 즐거움을 찾는다.
위대한 자여! 평범한 지성에 만족하지 마라. 대중이 경이
로워 한다고 만족하지 마라. 대중은 무지하기 때문에 감
탄하는 것 말고는 그 이상을 보지 못한다. 어리석은 사람
은 경이로움에 그치지만 지혜로운 자는 그 속에서 속임
수를 분별한다.

강직한
사람이 되어라

강직한 사람은 옳은 일을 추구한다. 대중의 열망이나 폭
군의 폭력도 강직한 사람의 집념을 꺾을 수 없다. 하지만
누가 이런 정의의 불사조가 되려 하겠는가? 정직을 추구
하는 사람은 얼마나 적은가!

사람들은 강직한 사람을 진심으로 칭찬하지만 정작 자
신은 그런 사람이 되려 하지 않는다. 어떤 사람은 정직을
추구하다 위험이 따르면 즉시 그만둔다. 부정한 사람은
아예 정직을 부정하고, 위정자들은 이를 감춘다. 강직한
사람은 우정과 권력, 심지어는 자신의 이익과도 싸우기
를 불사하기 때문에 사람들이 그를 떠날 수 있다. 영악한
사람은 상관이나 국가에 잘 보이기 위해 그럴듯한 이유
를 들어 정직한 사람을 멀리한다. 하지만 강직한 사람은
이런 위선을 일종의 배신으로 간주한다.

강직한 사람은 언제나 진리의 편에 서고 영민함보다는 정
직함을 끝까지 추구하고자 한다. 만약 강직한 사람이 어
떤 사람을 떠난다면 그 이유는 강직한 사람의 마음이 변
덕스러워서가 아니라 상대방이 먼저 진리를 저버렸기 때
문이다.

조롱이 아닌
명성의 대상이 되어라

평판은 좋은 잣대다. 평판이 좋지 않은 일에는 휘말리지 마라. 특히 호평보다 악평을 들을 만한 일은 피하라. 신중한 사람은 자기 생각을 쉽게 드러내지 않으며, 자신을 따르는 사람을 조롱거리로 만들 만한 일은 특히 조심한다. 평판에 좋지 않은 일은 굳이 따로 설명할 필요가 없다. 많은 사람이 이미 경멸하고 있다면 그것으로 충분히 나쁜 일이라는 뜻이다.

세상에는 별난 무리가 많기 때문에 분별 있는 사람이라면 응당 이런 무리를 피해야 한다. 지혜로운 사람과 정반대로 움직이는 기이한 성향의 사람도 많다. 이들은 기이한 행동으로 유명해지기는 하겠지만 명성을 얻기보다 조롱의 대상이 된다.

올바른 마음을 정직의 척도로 삼아라.
외부의 법이나 규칙보다는
자신에 대한 엄격함이 기준이 되게 하라.

불운은
전염성이 강하다

운이 따르는 사람을 만나고 불운이 따르는 사람은 피하라. 불운이란 일반적으로 어리석은 행동의 결과다. 이것만큼 전염성이 강한 병도 없다. 악마에게 절대로 문을 열어주지 마라. 그것이 설령 덜 악한 존재라 할지라도, 더 강한 악마가 슬그머니 동행해 들어올 것이다.

카드 게임에서 가장 훌륭한 기술은 자신의 패를 언제 버려야 하는지 아는 것이다. 지금 들고 있는 가장 낮은 카드 한 장이 게임 막판에 들고 있는 최고 카드보다 훨씬 가치 있을 수 있다.

확신이 없을 때는 신중하고 지혜로운 자를 따르는 것이 좋다. 이런 사람은 항상 오래지 않아 이기기 때문이다.

자비심은
당신의 특권이다

자비롭다는 평판을 얻도록 하라. 자비는 왕과 같은 사람만이 가질 수 있는 특권 중의 특권으로 보편적인 선의를 뛰어넘는다. 지도자의 자리에 있는 사람에게 좋은 점이 있다면 그것은 다른 사람보다 선한 일을 더 많이 할 수 있다는 것이다. 그렇기 때문에 친절한 자들이 주위에 모여든다.

반면 어려운 형편 때문이 아니라 악한 성정을 타고나 절대로 자비를 베풀지 않는 사람도 있다. 이런 사람은 모든 면에서 신의 은총에 반하는 행동을 한다.

물러서야
할 때를 알아라

인생에서 거절하는 법을 아는 것은 중요한 일이다. 하지만 더 중요한 것은 적당한 선에서 물러서는 법을 아는 것이다. 세상에는 귀중한 시간을 잡아먹는 쓸데없는 일이 많다. 중요하지 않은 일에 몰두하는 것은 아무것도 하지 않는 것보다 더 해롭다. 신중한 사람은 다른 사람의 일에 간섭하지 않을뿐더러 남이 자기 일에 간섭하게 두지도 않는다. 다른 사람에게 너무 집중하지 말아야 한다. 타인의 일에 지나치게 몰두하면 자신에게 집중하지 못하기 때문이다.

친구에게 과한 요구나 도움을 구해서도 안 된다. 과유불급이란 말처럼 모든 일이 과하면 아니함만 못하다. 특히 인간관계에서는 과유불급의 지혜를 더 많이 적용해야 한다. 지혜롭고 적절하게 관계를 유지하면 타인을 향한 선의와 자존감을 모두 지킬 수 있다. 또 적절한 관계 속에서 예의 있는 행동이 나온다. 그러므로 천성에 따라 행동하되 적절하게 행하고 선의를 거스르지 마라.

재능이 없는
사람은 없다

자신의 강점을 파악하라. 사람에게는 누구나 출중하게 타고난 자신만의 재능이 있다. 그 재능을 계발하여 나머지 능력을 보충하도록 하라. 자신의 강점을 파악한 사람은 누구든지 탁월한 사람이 될 수 있다.

자신의 강점을 발견했으면 그것에 집중하라. 판단력이 좋은 사람이 있고 용기가 뛰어난 사람도 있다. 하지만 대부분은 타고난 재능을 함부로 다룬다. 그렇기에 어떤 것에도 뛰어날 수 없다. 자신의 강점을 모른 채 정욕에 사로잡혀 행동하면 뒤늦게 후회한다. 환상은 언제나 너무 늦게 깨어지기 때문이다.

지혜로운 사람은
매사에 고민한다

모든 일을 신중히 처리하라. 가장 중요한 일은 신중에 신중을 기하라. 어리석은 사람은 깊이 생각하지 않아서 실패한다. 그들은 세상 이치의 절반도 깨닫지 못한다. 무엇을 얻고 잃는지 주의 깊게 살피지 않으며 성실하지도 않다. 어떤 사람은 일의 경중을 잘 따지지 못해 사소한 일을 많이 생각하고 중요한 일은 적게 생각한다.

대부분의 사람은 잃어버릴 게 없어서 상식적인 수준 이상으로 생각하지 않는다. 하지만 정신을 집중하여 자세히 살피고 지켜야 할 일이 많다. 지혜로운 사람은 모든 일을 심사숙고하지만, 경중을 따져 그중에서 제일 어려운 문제를 가장 심오하게 고민한다. 또 예상 밖 가능성까지도 고민하고 고민한다. 지혜로운 자의 사고는 깊이 고민하고 우려한 만큼 멀리 가 닿는다.

행운이 부를 때는
주저 말고 따르라

일을 본격적으로 추진하기에 앞서 당신의 운을 가늠해
보아야 한다. 당신의 기질보다 운에 더 많은 것이 달려있
다. 때가 한참 지나 지혜를 구하는 사람은 어리석은 사람
이다.

행운을 기다리고 그것을 어떻게 이용할지 아는 것은 훌
륭한 기술이다. 모든 일에는 적절한 때가 있다. 행운도
때가 있다. 하지만 행운이 어떤 통로로 우리에게 도달하
는지 정확하게 예측하지 못한다. 따라서 행운의 여신이
손짓하면 과감히 나아가야 한다. 행운의 여신은 용기 있
는 자를 좋아한다. 반대로 불운이 닥친다면 그 불운이 더
번지기 전에 과감히 그만두어야 한다.

상대의 의도는
무기로 쓰일 수 있다

언중유골. 우리는 의도를 숨긴 말을 잘 다룰 수 있어야
한다. 이는 사람의 미묘한 마음을 잘 파악할 수 있는 기
술이기에 인간관계에서 아주 중요하다.

시기심에 사로잡혀 내뱉는 말은 악의적이고, 무례하며,
해롭고, 정욕에 사로잡힌 말이다. 이런 갑작스러운 말 공
격은 호감과 존경심을 앗아가 버린다. 또 아무리 사소한
말이라 할지라도 다른 악의적인 말과 빈정거림에도 끄
떡없던 관계를 순식간에 무너뜨릴 수 있다.

반면 의도를 숨긴 말은 잘만 활용하면 개인에게 유리하
게 작용할 수도 있다. 이런 기술을 쓰려거든 더 주신해
서 쓰고, 그 말을 받을 때도 조심해서 받아야 하며, 말의
결과까지 내다볼 수 있어야 한다. 악의에 찬 말을 잘 다
룰 수 있어야 방어할 수 있으며 잘 예측하면 피해갈 수
있다.

이기고 있을 때는
욕심을 버려라

최고의 선수는 모두 그렇게 한다. 훌륭한 후퇴는 곧 용감한 공격이다. 업적을 이뤘다면 잘 유지하는 것도 중요하다. 운이 오래 지속된다면 오히려 의심스러운 일이다. 차라리 적당히 실패하는 게 더 안전하다. 성공의 달콤한 맛은 실패의 쓴맛과 적절히 섞여야 좋다. 운이 계속 따라줘서 높이 올라갈수록 추락의 위험은 더 커진다. 행운의 여신이 선사한 즐거움은 그 강렬함에 비해 굉장히 짧다. 행운의 여신은 쉽게 싫증을 느끼므로 한 사람에게 오래 머물지 않는다.

무르익을 때를 알아보고
충분히 즐겨라

자연의 섭리에 따르면 모든 것에는 무르익을 때가 있으며, 익고 나면 쇠퇴한다. 개선의 여지가 없을 만큼 완벽한 예술 작품은 없다. 따라서 완벽한 작품을 찾기보다는 가장 무르익은 작품과 그때를 알아보고 온전히 즐길 줄 알아야 한다. 하지만 그렇다고 해서 모든 사람이 쉽게 즐길 수 있는 것은 아니며, 이 사실을 아는데도 제대로 즐기지 못하는 사람도 많다. 지성도 마찬가지다. 지성의 열매가 최고조에 달할 때가 있다. 그때의 가치를 알고 지성을 이용하며 나누는 사람이 현명한 사람이다.

선한 의지는
쌓아가는 것이다

선한 의지가 있는 사람은 많은 사람의 존경을 받으며, 그 의지가 선할수록 더 많은 사랑을 받는다. 선한 의지는 타고날 수도 있지만, 갈고 닦을수록 더 깊어진다. 선한 의지라는 바탕 위에 그 성을 더 높이 쌓아나가야 한다. 타고나는 부분은 정해져 있으며 그것만으로는 충분하지 않기 때문이다.

친절한 행동에는 반드시 좋은 기분과 선한 행동, 품격 있는 말이 뒤따른다. 사랑받기 위해서는 사랑해야 하는 것처럼 선한 행동도 주는 대로 거두는 법이다. 예의는 훌륭한 사람이 베푸는 사려 깊은 마술과 같다. 글을 쓸 때도 마찬가지다. 품격 있는 행동이 펜을 앞서야 한다.

모든 면에서
과장은 금물이다

절대로 과장하지 마라. 과장의 말은 진실에 반하거나 오해를 살 수 있기 때문이다. 과장은 판단을 낭비하는 것과 같으며 오히려 지식과 안목이 부족하다는 사실을 보여주는 증거가 된다. 과장은 거짓말의 한 종류이기 때문에 과장이 지나치면 안목에 대한 신뢰를 잃을 수 있다. 더 나아가 과장이 심할 때는 분별력이 없다고 여겨질 수 있다.

칭찬은 호기심을 자극하고 욕망을 부른다. 만약 칭찬의 가치가 대가와 호응하지 않으면 사람들은 속았다고 생각하고 반발한다. 결국 과한 칭찬은 일의 가치를 떨어뜨리고, 칭찬한 사람에 대한 신뢰를 앗아간다.

신중한 사람은 더 조심스럽게 일하며 과오보다는 차라리 생략으로 인한 실수를 선호한다. 비범한 것은 드물어서 그것의 가치를 평가할 때는 신중해야 한다.

자질이
권력을 만든다

지도자는 굳이 교묘한 술책을 부려 힘을 얻을 필요가 없
다. 힘의 비밀은 타고난 통치자의 자질에 있다. 사람들
은 타고난 권위에서 나오는 용맹함에 이끌려 자신도 모
르는 사이에 복종한다. 이런 위엄 있는 기백을 지닌 자가
진정한 왕이다.

특권을 지닌 채 태어나는 동물의 왕 사자처럼 왕도 그러
하다. 그들은 존경심을 불어넣어 사람들의 마음을 쟁취
한다. 만약 다른 자질까지 갖춘다면 나라 전체를 움직이
고도 남을 능력을 타고난 것이다. 열변을 토해내야 하는
사람들과는 달리 이런 사람은 행동 하나만으로도 충분
히 다른 사람을 움직일 수 있다.

진실은 소수이고,
오류는 흔하다

생각은 신중하게, 말은 지혜롭게 하라. 물살을 거슬러 헤엄칠 때는 위험에 쉽게 빠질 수 있다. 흐름을 거스르는 일은 오직 소크라테스와 같은 현자만이 할 수 있다. 흐름을 거스르면서까지 다른 사람의 견해에 반대하는 말을 하면 비난으로 여겨지기 때문에 상대방이 모욕감을 느낄 수 있다. 또한 갑절의 증오심을 부를 수도 있다. 비판의 대상과 그 대상을 긍정적으로 봤던 사람 모두를 비난하는 꼴이 되기 때문이다. 실수는 흔하고, 진실을 알아보는 사람은 소수에 불과하다.

지혜로운 사람은 자신의 말이 그 내용만으로 평가받지 못한다는 사실을 알기에 많은 사람 앞에서 말하지 않는다. 그의 말은 자기 입이 아닌 어리석은 사람의 입을 통해 전해지며 처음 의도와는 다른 말이 되어버리는 경우가 많기 때문이다. 신중한 사람은 반박하는 일은 물론 반박당하는 상황도 피한다. 물론 속으로는 비난을 대비하더라도 실제 입 밖으로 낼 준비는 하지 않는다. 생각은 자유지만 억지로 강요될 수 없다. 그러므로 지혜로운 사람은 침묵을 택하되, 자신을 이해해 줄 소수의 올바른 사람 앞에서만 침묵을 깨고 자기 뜻을 전한다.

위대한 사람에게
감응하라

위대한 사람의 말을 따를 수 있는 것도 위대한 자질이다.
이런 감응은 신비롭고 이로운 기적 같은 일이다. 위대
한 사람에게 감응하면 마음과 생각에 동류의식이 흐른
다. 무지한 사람들은 이를 마법처럼 우연한 일로 치부한
다. 하지만 존경심이 생기면 호의가 뒤따르며 때로는 호
감으로 발전하기도 한다. 말하지 않아도 설득할 수 있고,
애쓰지 않아도 얻을 수 있다. 이런 감응은 능동적이기도
하고, 수동적이기도 하다. 감응을 많이 하면 할수록 더
숭고해진다.

위대한 사람을 알아보고 분별하며 감응할 수 있는 것은
대단한 능력이다. 이런 감응력이 노력을 이긴다.

잔꾀는 사용하되
악용하지 마라

잔꾀는 사용하되 악용하지 않도록 주의하라. 잔꾀는 즐겨 하면 안 되고 이를 자랑스럽게 여겨서는 더더욱 안 된다. 진실하지 않은 것은 드러내지 말고, 미움받을 만한 잔꾀는 더욱 들키지 않도록 해야 한다. 속임수를 쓰는 사람들이 많기 때문에 배로 주의해야 한다. 속임수가 불신을 조장하고 화를 부르며, 복수심을 일깨우고, 생각보다 더 많은 해를 초래하기 때문이다. 따라서 어떤 일이든 신중히 하라. 잔꾀를 부릴 때도 마찬가지다. 신중한 행동만큼 지혜로운 행동이 없다. 또 어떤 일이든 성공하려면 그 일에 확실히 통달하는 것이 가장 훌륭한 기술이라는 점도 기억하라.

반감을
억눌러라

우리는 종종 사람을 제대로 알기도 전에 반감을 품는다. 때때로 사람들은 위대한 사람에게 반감을 품기도 한다. 현명한 사람은 이런 감정을 잘 조절한다. 우리보다 뛰어난 사람을 증오하는 마음만큼 부끄러운 일도 없다. 위대한 사람을 따르면 덩달아 우리의 품격도 상승하지만 위대한 사람에게 반감을 품으면 그만큼 우리의 품격도 떨어진다.

명예를 실추시킬 만한
사건이나 다툼을 피하라

이는 신중한 사람의 가장 중요한 목표 가운데 하나다. 위대한 사람은 갈등이 발생했을 때 극단으로 치우치지 아니하고, 항상 신중히 행동하여 문제를 돌파할 시간을 가진다. 만약 이런 갈등이 명예를 손상시킬 만한 다툼이라면, 애당초 휘말리지 않는 게 낫다. 다툼은 판단력을 시험하기 때문에, 다툼에서 이기는 것보다 다툼을 피하는 것이 더 이익이다.

하나의 다툼은 다른 다툼으로 이어지고, 패하기라도 하면 명예에 흠이 생긴다. 타고난 성정과 환경 때문에 쉽게 다툼에 휘말리는 사람이 있다. 이성의 불빛에 의지하여 길을 가는 사람은 이런 문제를 더 신중하게 다룬다. 다툼에서 승리하는 것보다 다툼을 피하는 데 더 많은 용기가 필요한 법이다. 따라서 명예를 실추시킬 만한 다툼을 피하고, 이미 다툼에 빠진 사람이 있다면 그 사람을 본보기 삼아 그와 같은 행동을 하지 않도록 주의하라.

겉모습에
현혹되지 마라

내면도 외면 못지않게 철저히 관리하라. 화려한 현관을
자랑하지만 안으로 들어가면 오두막과 다름없는 집이
있다. 겉만 번지르르한 사람과 나누는 대화를 지루해할
필요는 없다. 하지만 이런 사람이 이끄는 대화는 첫 몇
마디만 끝나면 자연스레 지지부진해진다. 이런 사람은
시칠리아식 화려한 말투를 뽐내며 대화를 시작하지만
머지않아 대화는 침묵으로 접어든다. 생각이 샘솟지 않
아 이내 할 말이 없어지기 때문이다. 겉모습만 보는 사람
은 이런 사람에게 현혹되지만 내면을 보는 현명한 사람
은 그들 안에 비판할 것 외에는 아무것도 없음을 안다.

자세히 관찰하고
판단하라

자세히 관찰하고 판단하는 사람은 상황이 자신을 다스
리게 두지 않고 자신이 상황을 다스린다. 이런 사람은 단
번에 가장 깊숙한 상대방의 마음속까지 들어가 탐색할
수 있으며 관상만 봐도 사람을 파악하는 뛰어난 관상가
다. 또 그 사람의 본성도 한눈에 알아챌 수 있다. 몇 번만
더 관찰하면 그 사람의 본성 속에 깊숙이 감춰진 사건까
지 해독할 수 있다. 이런 사람은 예리하게 관찰하고 미묘
한 부분까지 통찰하며, 현명하게 추론하여 발견하고 알
아채며, 모든 것을 이해하고 꿰뚫어 본다.

항상
'나'를 존중하라

자신 안에 있는 올바른 마음을 정직의 척도로 삼아라. 외부의 법이나 규칙보다는 자신에 대한 엄격함이 기준이 되게 하라. 외부의 권위를 두려워하는 마음에서가 아니라 자신을 존중하는 마음에서 부적절한 모든 것을 삼가라. 이것을 항상 명심하면 위대한 철학자 세네카의 가르침도 필요 없다.

스스로 판단하되
최고를 낳는 선택을 하라

인생은 올바른 선택에 따라 좌우된다. 공부를 하거나 지적 능력을 쌓는다고 올바르게 선택할 수 있는 게 아니다. 높은 안목과 정확한 판단이 필요하다. 선택이란 모름지기 자기 자신이 하는 것이며 이를 위해 두 가지가 필요하다. 하나는 온전히 스스로 선택할 수 있는 능력이며, 다른 하나는 최고를 골라낼 수 있는 능력이다. 민첩하고 창조적인 정신, 예리한 판단, 깊은 학식, 뛰어난 관찰력을 지닌 사람도 잘못된 선택을 하는 경우가 많다. 그들은 마치 잘못된 길을 일부러 가려고 하는 것처럼 언제나 최악의 선택을 한다. 올바른 선택을 하는 능력은 하늘이 내려주는 선물과 같다.

절대로 평정심을
잃지 마라

신중한 사람은 평정심을 잃지 않는 것을 중요한 목표로 삼는다. 평정심은 고귀한 자의 징표이다. 고귀한 자는 상황에 쉽게 좌지우지되지 않는다. 정욕은 영혼의 태도이며 정욕이 과하면 신중함이 떨어진다. 또 정욕이 입 밖으로 넘치게 흘러나오면 명성에 금이 가기 시작한다. 자기 자신을 다스릴 줄 아는 사람이 되면 어떤 상황에 부닥치더라도 침착하며, 그 어떤 것을 마주해도 자신의 명성을 지키며 자신의 탁월함을 증명한다.

천천히,
하지만 서둘러라

053

천천히 쌓아 올린 지성에 성실함이 더해지면 빠르게 성취할 수 있다. 하지만 어리석은 사람은 서두르기 때문에 실패한다. 그들은 중요한 게 무엇인지 모를 뿐 아니라 모든 일을 준비 없이 시작한다. 반대로 똑똑한 사람은 지체하기 때문에 실패한다. 미리 내다보기 때문에 쓸데없이 생각이 깊어지고 행동이 느려져 그만큼 신속하게 판단하지 못한다. 민첩함은 행운의 어머니다. 행운이 따르는 사람은 오늘 일을 내일로 미루지 않는다. 로마 황제 아우구스투스의 좌우명은 '천천히 서둘러라'였다.

The Worldy Wisdom | 74

뛰어난 자질도
용기가 없으면 무용지물이다

죽은 사자의 갈기는 산토끼도 잡아당길 수 있다. 용기가 없어서 지체하다 겪는 어려움은 용기 있게 시작해서 마주한 어려움보다 더 힘들다. 정신적 용기는 육신을 뛰어넘지만 신중함이라는 칼집 속에 넣어두어야 한다. 용기는 위대함을 지키는 방패다.

용기가 부족한 겁쟁이는 육신이 나약한 사람보다 더 비참하다. 많은 사람이 뛰어난 자질을 가졌지만 용기가 부족해서 살아도 산 것 같지 않은 삶을 살다가 태만이라는 무덤을 찾아 들어간다. 항상 기억하라. 자연은 꿀벌에게 꿀의 달콤함과 침의 날카로움을 함께 허락했다.

인내심은
고귀한 자의 특권이다

기다려라. 인내심은 고귀한 자의 징표다. 절대 서두르지 마라. 정욕에 사로잡히지도 마라. 다른 사람을 다스리려거든 자기 자신을 먼저 다스려라. 기회의 중심에 서기까지는 시간을 통과해야 한다. 인내하는 자는 목표를 이루기 위해 도구를 잘 갈고 닦으며 준비한다. 시간은 목발을 짚은 사람처럼 더디 오더라도 쇠몽둥이를 든 영웅 헤라클레스보다 더 강한 법이다. 신은 매로써 단련하지 않고 시간으로 단련한다. 어느 현인은 "시간의 힘을 입으면 한 명도 두 사람을 거뜬히 맞설 수 있다"라고 말했다. 행운의 여신은 인내하는 자에게 가장 큰 상을 내린다.

냉철한
사고를 지녀라

냉철한 사고는 긍정적인 마음과 기민한 정신에서 나온
다. 긍정적인 마음과 깨어있는 정신을 갖추면 불운이나
위험에 대한 두려움도 없어진다. 심사숙고해도 실수하
는 사람이 있는 반면, 깊이 고민하지 않고도 목표를 이루
는 사람이 있다. 이런 사람은 긴급한 순간에 오히려 최고
의 기량을 발휘하는 성질 상반적 특징을 지닌다. 물론 즉
흥적인 일에는 강하지만 깊이 있는 생각을 필요로 하는
일에는 약할 수 있다. 하지만 명민한 판단력과 지혜로운
행동이 뒤따른다면 놀랄만한 성과를 이룩하여 찬사를
받을 수 있다.

속도보다는
탁월함을 택하라

결과가 좋으면 빠른 것도 괜찮다. 하지만 보통 서두르면 빨리 실패한다. 지속하기 위해서는 오랜 준비가 필요하다. 속도가 아니라 탁월함만이 중요할 뿐이다. 제대로 완성해야 오래가고, 심오한 지성만이 불멸의 토대가 된다. 가치를 높이는 데는 그만한 대가가 따른다. 귀한 보석일수록 무거운 법이다.

The Worldly Wisdom | 78

늘 새로운
모습을 보여줘라

주변 사람에게 자신을 맞추어라. 하지만 다른 사람 앞에서 자신의 능력을 모두 보여줄 필요는 없다. 필요 이상의 힘은 쓰지 마라. 지식이나 권력을 불필요하게 소모하지 말아야 한다. 능숙한 매잡이는 추적하기 쉬운 새만 이용한다. 오늘 보여줄 게 너무 많으면 내일 보여줄 게 없어지는 법이다. 항상 반짝반짝 빛나는 참신함을 보여주어라. 매일 새로운 것을 보여주면 상대방의 기대감을 유지할 수 있고 능력의 한계를 감출 수 있다.

찬란한 시작보다
평범한 마무리가 어렵다

행운의 집으로 들어가는 문은 즐거움의 문이지만, 나가는 문은 슬픔의 문이다. 따라서 항상 끝을 생각해야 한다. 시작의 찬사보다는 유종의 미를 더 중요시하라. 보통 불운한 사람은 시작할 때는 운이 좋지만 비극적으로 끝을 맺는다. 시작할 때 찬사를 받는 것보다 나갈 때 평범하게 마무리하는 게 더 중요하다. 행운의 여신은 들어오는 손님을 따뜻하게 맞이해 주지만 나가는 손님은 차가우리만큼 속히 내보낸다는 사실을 기억하라.

The Worlds Wisdom | 80

현명하게
판단하라

지혜롭게 태어난 사람은 무엇을 하든지 절반의 노력으로도 통달할 수 있다. 나이가 들고 경험이 쌓일수록 그들의 이성은 무르익고 판단력도 현명함으로 무르익는다. 이런 사람은 분별력을 흩뜨릴 수 있는 산만한 것들을 싫어한다. 특히 국가의 중대사처럼 중요한 문제를 처리할 때, 즉 확실성이 가장 필요한 일을 할 때는 산만한 것으로부터 자신을 떨어뜨려 놓는다. 이런 사람은 국가를 직접 이끄는 조종석에 앉거나 그 옆에 서서 지휘하는 사람이 될 자격이 있다.

매사에 침착하고 경계해야 불운을 피할 수 있다.
추문을 바로잡는 것보다
예방하는 것이 훨씬 쉬운 법이다.

낮은 자리에서
벗어나라

으뜸이 되어야 한다. 우수한 사람 사이에서 으뜸이 되는 일은 극히 힘든 일이지만 출중한 면이 없는 위인은 없다. 평범한 사람은 결코 찬사를 얻지 못한다. 높은 자리에 오른 사람은 어리석은 군중과 구별된다. 자리가 사람을 구별하며 자리는 선택받은 자의 이름표가 된다. 낮은 자리에 앉아 있으면 제아무리 뛰어나다 하더라도 소수의 무리 속에서만 빛날 뿐이며 그 자리에 안주할수록 영광을 얻기 힘들어진다. 으뜸 중의 으뜸은 왕족과 같은 기품이 있으며 모든 이로부터 존경과 호감을 얻는다.

훌륭한
조력자를 두어라

조력자를 보면 그 사람의 지혜를 알 수 있다. 형편없는 조력자를 곁에 두고도 만족하면 위험할 뿐 아니라 치명적인 손해를 본다. 훌륭한 신하는 군주의 위대함을 절대로 손상하지 않는다. 모든 업적의 영광은 주인공에게 돌아간다. 비난도 마찬가지다. 명성은 오로지 주인공과 거래하기 때문이다. 명성의 여신은 일의 결과를 신하가 아닌 군주의 업적으로 치부한다. 그러므로 불멸하는 명성에 해가 되지 않도록 믿을 만한 조력자를 신중히 선택해야 한다.

'최초'라는
타이틀을 쟁취하라

어떤 일에 최초라는 수식어를 갖도록 하라. 최초라는 수식어를 가진 자가 뛰어난 사람이라면 두 배로 탁월한 사람이 된다. 동일한 기량의 두 선수가 있을 때 먼저 움직이는 사람이 훨씬 유리하다. 아무리 뛰어난 사람도 최초가 되지 못하면 진정한 불사조가 될 수 없다. 처음 도착하는 사람이 명성을 독차지한다. 나머지 사람이 얻는 이득은 얼마 되지 않는다. 최초라는 수식어 없이는 세상을 설득할 수 없다. 그저 아류가 될 뿐이다.

천재의 능력은 새로운 길을 개척하고 그 길에 들어섰을 때는 신중하게 행동하는 데 있다. 지혜로운 사람은 참신함으로 업적을 이뤄 영웅의 책에 이름을 올린다. 어떤 사람은 용의 꼬리가 되기보다 뱀의 머리가 되기를 자처하며 최초가 되고자 한다.

근심하지 않으면
이득이 생긴다

근심을 피하면 많은 것에서 벗어날 수 있어 편안하고 행복할 수 있다. 유익하지 않다면 나쁜 소식은 듣지도 전하지도 마라. 달콤하게 아첨하는 말에 현혹되어 다른 말이 들리지 않는 사람이 있다. 또 비통한 말에 빠져 사는 사람도 있다. 독한 술 없이는 살 수 없었던 고대의 미트리다테스 왕처럼 매일 괴로움을 겪지 않고는 살 수 없는 사람이 있다.

아무리 친한 사이라도 다른 이를 잠시 기쁘게 하려고 기나긴 어려움을 겪을 필요는 없다. 또 도움을 준 사람을 기쁘게 하려고 자신에게 다가온 기회를 저버려서는 안 된다. 다른 사람을 기쁘게 하느라 자기 자신을 소홀히 해서는 안 된다는 뜻이다. 나중에 공허함에 시달리는 것보다는 지금 불편한 게 낫다.

최고의 안목을
지닌 자와 교류하라

안목은 지성처럼 노력해서 얻을 수 있다. 지식이 쌓일수록 목표도 높아지고 즐거움도 늘어난다. 고귀한 정신은 그가 지닌 안목이 얼마나 고귀한지를 보면 알 수 있다. 위대한 것만이 위대한 자를 만족시킨다. 그릇이 커야 많이 담을 수 있는 것처럼 고귀한 그릇에 고귀한 것을 담을 수 있다. 고귀한 안목을 가진 자 앞에서는 가장 용맹한 자도 떨며 완벽한 자도 자신감을 잃는다.

아주 귀한 것은 그 수가 적다. 자신의 안목이 그렇게 되게 하라. 안목은 사람에게서도 얻을 수 있다. 최고의 안목을 지닌 자와 교제하는 큰 행운을 누리도록 노력하라. 그렇다고 높은 안목을 지닌 척, 모든 것이 마음에 들지 않는다고 하지 마라. 이것은 어리석은 행동이다. 돈키호테의 망상보다 가식이 더 혐오스러운 법이다. 이런 사람은 아예 다른 세상이 창조되기를 원하며 환상 속에서 살기를 자처한다.

실패는
모든 과정을 잊게 만든다

결과를 끝까지 잘 살펴라. 결과보다 과정을 중요시하는 사람도 있다. 하지만 세상 사람들은 실패라는 결과를 마주하면 과정은 순식간에 잊고 만다. 세상 사람들은 과정은 눈여겨보지 않고 오직 결과가 좋은지 나쁜지만 볼 뿐이다. 반면 승자는 변명할 필요가 없다. 이기면 아무것도 잃지 않는다. 과정에 어떤 수단이 사용되었든 좋은 결과는 모든 것을 아름답게 만든다. 만약 좋게 끝날 수 없다면 때때로 규칙을 어기는 것이 삶의 기술 중 하나라는 것을 기억하라.

The Worldly Wisdom | 88

많은 사람에게
인정받는 일을 하라

세상일의 대부분은 다른 사람의 만족에 의지한다. 존경과 탁월함의 관계는 바람과 꽃의 관계와 같다. 이때 존경은 생명의 숨결인 셈이다. 세상에는 많은 사람에게 존경받는 일보다 더 중요한데도 눈에 띄지 못하는 일이 있다. 모든 사람이 따르며 존경받는 일은 만인의 호감을 사지만, 그렇지 못한 일은 비록 그 일이 더 가치가 있다고 할지라도 사람들이 알아봐 주지 않는다. 즉, 명예는 있지만 찬사는 받지 못한다.

군주 중에서도 정복자가 가장 많이 환호받는다. 옛 스페인 왕국 아라곤의 왕들이 전사, 정복자, 위대한 왕이라는 칭호를 받으며 박수 갈채를 받았다. 재능 있는 사람이라면 많은 사람에게 인정받을 수 있는 일을 선호해야 한다. 이런 사람은 만인의 지지를 받으며 불멸한다.

기억이 아닌
지성에 의존하라

기억보다는 지성을 활용하여 새롭게 깨우치는 게 낫다. 기억은 회상을 바탕으로 하지만 지성은 상식과 지식을 바탕으로 한다. 지식을 제대로 활용할 수 없어 때를 놓치는 경우가 많다. 이런 상황에 처한 사람은 도와줘야 한다. 도움이 필요한 순간에 도울 수 있는 재능이 가장 훌륭한 재능이다. 도움이 부족해 실패하는 사람이 많다. 이때 당신이 가진 지성의 빛을 나누어라. 만약 충분한 지식을 가지고 있지 않다면 지식을 가진 자에게 부탁하라. 단, 지식을 나눌 때는 신중하고, 지식을 구할 때는 정중해야 한다.

상내방이 관심을 보일 때 자세한 설명은 하지 말고 힌트만 주는 것도 좋다. 처음에는 조금만 보여주고, 그 정도로 부족하다 싶으면 더 설명해 주어라. 만약 상대방이 부정적으로 생각한다면, 받아들일 수 있는 방법을 찾아라. 대부분은 시도조차 하지 않았기 때문에 쉽게 얻을 수 없는 것들이다. 거기에 지혜가 있다.

타인의 시선에서
벗어나 자신을 지켜라

다른 사람에게 일일이 휘둘리지 마라. 타인의 시선에 휘둘리지 않아야 위대한 사람이 된다. 자기반성은 지혜의 학교다. 자신의 성향을 알고 그것을 받아들여라. 타고난 본성과 후천적 능력 사이에서 중용을 지키며 자기 자신을 찾아라. 자기 자신에 대한 지식을 쌓아야 자기계발이 시작된다.

추한 마음을 가진 사람은 다른 사람의 영향을 쉽게 받는다. 이런 사람은 '진짜 나'와 '가짜 나' 사이에 발생하는 부조화 때문에 자기모순에 빠지며 쉽게 무너진다. 타인의 시선에 좌지우지되는 사람은 의지를 단단하게 지킬 수 없고, 제대로 판단할 수 없으며, 욕망과 지식 사이에서 항상 갈팡질팡한다.

거절하는 법을
배워라

모든 사람에게 뜻을 굽힐 필요는 없다. 거절은 상대방의 요구를 들어주는 것만큼이나 중요하다. 특히 지위가 있는 사람은 지혜롭게 거절하는 법을 알아야 한다. 사람에 따라 거절이 승낙보다 더 기분 좋을 때가 있다. 달콤한 거절은 무미건조한 승낙보다 더 낫기 때문이다.

입에 무조건 '아니오'를 달고 다니며 상대방을 불쾌하게 하는 사람이 있다. 이런 사람이 내뱉는 부정의 말은 불쾌한 분위기를 전하기 때문에 비록 상대방의 요구를 끝내 받아준다고 해도 자신에게 좋지 않다.

거절할 때는 단도직입적으로 말하지 말아야 한다. 실망감은 서서히 느끼는 게 낫다. 또 거절할 때는 여지를 남겨두어야 한다. 단번에 거절하면 상대방은 당신에게 더 이상 의존하지 않는다. 희망의 여지를 비추면서 부드럽게 거절하라. 그리고 거절을 당해서 느낄 실망감은 정중하고 배려하는 말로 보상해 줘라. '예'나 '아니오'라는 말은 빨리 나오지만 그만큼 생각은 더 많이 해야 한다.

갈팡질팡하면
운도 따르지 않는다

일관성 있게 행동하라. 원래 타고난 성향 때문이든 일시적인 상황 때문이든 변덕스럽게 행동하면 안 된다. 일관된 사람은 신뢰받기 때문에 능력도 빛을 발한다. 만약 이런 사람의 행동이 변한다면 그것은 다른 이유 때문이거나, 깊이 고민한 후에 보이는 행동이다.

매일 변덕을 부리는 사람의 지성은 매일 다르고 의지는 더욱 들쭉날쭉 변한다. 따라서 운도 갈팡질팡 따라주지 않는다. 어제는 '예'라고 했다가 오늘 '아니요'라고 말한다. 이런 행동은 자기 자신을 부정하는 것이며 이런 사람은 다른 사람의 신뢰를 절대로 얻을 수 없다.

우유부단보다는
실패를 선택하라

결단력 있게 행동하라. 계획대로 이루지 못하는 사람보다 우유부단한 사람이 더 해롭다. 댐에 가둬둔 물이 흐르는 물보다 더 해로운 법이다. 우유부단한 사람은 자신의 목표에 확신이 없어서 타인에게 의존한다. 이런 사람은 판단력이 부족해서 부탁하는 게 아니라 실행력이 없기 때문에 부탁한다. 어려움을 찾아내는 것도 기술이지만 어려움을 극복하는 것이 더 훌륭한 기술이다.

살면서 어려움을 겪지 않는 사람도 있다. 이런 사람은 분명하게 판단하고 결단력 있게 행동하기 때문에 보통 높은 지위에 오른다. 적재적소에 자신의 지성을 쓸 줄 알고 단호하게 결성하여 행동한다. 또 머지않아 어떤 목표든 이룰 수 있고 하나를 이루고 나면 다른 목표를 이룰 준비를 한다. 자신에게 언제나 행운이 뒤따른다고 생각하기 때문에 성공에 대한 확신이 있다.

이해하지 않는 것이
더 나을 때도 있다

재치 있게 상황을 모면하는 요령을 배워라. 영리한 사람은 긍정적인 말과 재치를 사용하여 복잡한 미로를 탈출한다. 그들은 심각한 상황에 처하면 대수롭지 않게 미소를 지으며 슬쩍 빠져나온다. 위대한 지도자 대부분은 이런 기술을 잘 활용했다. 거절해야 할 때는 대화의 화제를 전환하는 방식으로 공손하게 거절한다. 때로는 이해하지 않는 것이 가장 잘 이해하는 것이 될 수 있다.

접근하기 어려운
사람이 되지 마라

자기 자신을 신뢰하지 못하면 까다로운 사람이 되는데 보통 사람은 성질이 고약한 사람에게 호의를 베풀지 않는다. 사교성이 없고 성질이 고약한 사람은 항상 으스대며 건방지게 군다. 불행하게도 이런 야수와 같은 사람을 대할 때는 항상 인내심과 두려움 속에서 전투를 치를 준비를 해야 한다.

이런 사람은 원하는 것이 있을 때만 억지로 다른 사람의 비위를 맞춘다. 하지만 원하는 것을 얻고 나면 무례하게 굴며 앙갚음하기 때문에 높은 지위에 오르더라도 아무도 다가갈 수 없다. 높은 지위에 오를수록 다른 사람이 접근할 수 있어야 하지만, 이런 사람은 다른 사람과 교제할 수 없기에 고립을 자청한다. 그로 인해 자신을 개선할 기회조차 얻지 못하는 벌을 받는다.

The Worlds Wisdom | 96

롤 모델을
두어라

이상형을 찾고 그를 본받기 위해 노력하라. 살아 있는 본보기로 여겨질 만한 위대한 영웅이 많다. 롤 모델은 자기 자신에게 동기부여 하기 위해 있는 것이지 그대로 따라 하기 위한 것은 아니라는 점도 기억하라. 알렉산더 대왕은 아킬레스 장군이 무덤에 묻혀서 울었던 게 아니라, 자신의 명성이 아킬레스의 명성만큼 널리 퍼지지 못해서 슬퍼했다. 영웅의 명성은 트럼펫 소리처럼 웅장하게 울려 퍼져 우리의 야망을 자극한다. 우리의 부러움을 자극하여 높은 이상을 꿈꾸고 관대한 마음을 품게 한다.

농담은 자주 하면
독이 된다

지혜는 진지함 속에서 빛을 발한다. 순간적인 재치보다
지혜가 더 가치 있는 법이다. 농담을 일삼는 사람은 진지
한 상황을 맞이할 준비를 하지 못한다. 사람들은 이런 사
람을 쉽게 믿지 않기 때문에 거짓말쟁이와 같은 취급을
받는다.

거짓말쟁이에게서 거짓말이 예상되는 것처럼 농담을 일
삼는 사람에게는 항상 농담만 예상된다. 이런 사람이 하
는 진지한 말은 진지하게 받아들여지지 않는다. 농담을
일삼는 사람은 오래지 않아 그 열의도 잃는다. 재치로 유
명해질 수는 있지만 신뢰는 얻지 못한다. 농담은 짧게 하
고 나머지 시간은 진지함으로 채워야 한다.

모든 사람의 마음에
들도록 행동하라

그리스 로마 신화에 등장하는 바다의 신 프로테우스는 학자와 있을 때는 학식 있는 사람처럼, 현인과 있을 때는 현인처럼 행동했다. 모든 이의 지지를 받을 수 있는 사람은 위대한 능력의 소유자다. 이런 사람은 상대방에게 맞출 줄 알기 때문에 늘 호감을 얻는다. 상황에 따라 상냥할 때도 있고 진지할 때도 있어야 한다. 상대방의 기분을 살피고 그에 맞춰 행동하라.

상대방이 이끄는 대로 응하고 눈치 있게 행동하라. 남에게 의지하여 살아가는 사람이라면 이런 기술은 필수다. 이런 수완을 얻기 위해서는 아주 영리해야 한다. 뛰어난 지성과 재치를 겸비하고 있다면 그리 어려운 일이 아니다.

현명한 사람은
늘 위험을 예측한다

어리석은 사람은 보통 무모하기 때문에 일을 시작할 때 급하게 시도한다. 또 너무 단순하게 생각해서 조심하지 않으며 실패에 대한 두려움조차 모른다. 반면 지혜로운 사람은 신중하게 시도한다. 이들은 신중하기 때문에 항상 돌다리도 먼저 두드려보고 건넌다. 주의를 기울이면 위험에서 벗어날 수 있다. 운이 좋아 성공하는 경우를 제외하면 일반적으로 성급히 뛰어들었을 때 위험에 빠질 확률이 높다. 수심이 깊다고 의심되는 곳은 주의해서 건너야 한다.

현명한 사람은 조심스레 예방책을 마련한 후 전진한다. 오늘날 인간관세에서도 예측하지 못한 위험이 있을 수 있다. 따라서 인간관계라는 다리를 건널 때는 깊이를 잘 재어보면서 건너도록 하라.

The Worldly Wisdom | 100

밝고 쾌활한
성품을 지녀라

적당히 쾌활한 성품은 결점이 아니라 재주다. 쾌활함은 조금만 더해져도 모든 일에 흥미를 돋운다. 뛰어난 사람은 이 같은 유머를 즐기기에 모두의 호감을 산다. 하지만 이럴 때도 자신의 위엄과 예의는 지킬 줄 알아야 한다.

사람들과 관계를 쌓다 보면 그냥 웃고 넘겨야 할 일이 많다. 농담과 같은 재치를 발휘해 난감한 상황에서 속히 빠져나오는 사람이 있는 반면에, 이런 상황을 그냥 지나치지 못하고 진지하게 받아들이는 사람도 있다. 인간관계를 유하고 쾌활하게 끌고 가야 다른 사람의 마음을 끌어당길 수 있는 법이다.

진실은
드러나는 것이다

정보를 얻을 때는 조심해라. 우리는 직접 경험이 아닌 정보로 먹고 산다. 우리는 다른 사람에 대한 믿음으로 존재한다. 진실로 들어가는 문은 작고, 거짓으로 들어가는 문은 큰 법이다. 즉, 귀는 진실의 소문(小門)이자 거짓의 대문(大門)이다.

진실은 드러나는 것이지 들리는 것이 아니다. 진실은 진실 그대로 전해지지 않는다. 특히 많은 사람의 입을 통해 전해질 때 더욱 그렇다. 보통 진실은 소문을 전하는 사람의 감정과 섞여서 전해진다. 말을 전하는 사람마다 그 말에 색을 덧입힌다. 때로는 호의적인 색깔을, 때로는 반감의 색깔을 입힌다. 소문에는 전하는 사람의 성격이 드러난다. 따라서 칭찬이 섞여 있는 말도 신중하게 받아들이고, 비난이 섞여 있는 말은 더 조심해서 받아들여야 한다.

말의 내용보다 말하는 사람의 의도에 집중해라. 그 사람이 어떤 상황에 처해 있는지 미리 알고 들어야 한다. 그러므로 말을 전해 들을 때는 숙고하고 거짓과 과장을 가려내야 한다.

늘 신선한 모습을
보여주려 노력하라

당신의 능력을 새롭게 하라. 이것이야말로 불사조의 특권이다. 능력과 명성도 시간이 지날수록 뒤떨어지기 마련이다. 익숙하다 보면 진부해지고 존경심도 약해진다. 최고의 권위에 오른 자도 시간이 지나면 그 빛을 잃는다. 그러므로 용기와 지혜를 새롭게 다지고 운까지 바꿀 수 있도록 노력해야 한다.

신선한 모습을 보여주기 위해 노력하라. 매일 다시 떠오르는 태양처럼 새롭게 일어나야 한다. 당신이 활약하는 무대 또한 바꾸어라. 이전 무대에서 얻었던 과거의 영광이 당신을 힘들게 할지라도 괜찮다. 자신을 새롭게 정비할 줄 안다면 당신은 새로운 무대 위에서 또 다른 영광을 얻게 될 것이다.

어느 방향이든
극단은 좋지 못하다

선한 것이든 악한 것이든 어떤 것도 극단으로 치닫지 마라. 어느 현인은 미덕조차 행하기를 절제하며 중도의 길을 걸었다. 극단으로 치닫다 보면 결국 잘못된 길로 들어서기 때문이다.

과일의 즙을 모두 빼고 나면 쓴맛만 남을 뿐이다. 쾌락도 마찬가지다. 너무 예민한 생각은 오히려 사람을 둔하게 만든다. 젖소에게서 우유를 너무 많이 빼내면 얻는 것은 우유가 아니라 핏물이 되기 마련이다.

가벼운 실수는
허용하라

적당한 부주의함이 오히려 위대한 재능을 꽃피운다. 실수가 없는 사람은 시기심에 사로잡힌 사람의 표적이 되기 때문이다. 시기하는 자는 모든 면에서 완벽한 사람을 모든 면에서 비난한다. 이들은 그리스 로마 신화의 백 개의 눈을 가진 거인 아르고스처럼 완벽한 자의 부족한 점을 찾으려고 애쓰며 그들의 부족함으로 위안을 얻는다. 시기심은 번개 같아서 가장 높은 자마저도 비난하고 공격한다.

시기심에 맞서기 위해 용기와 지성은 어느 정도 감춰도 되지만 지혜는 감추지 마라. 지혜가 있어야 악의를 없애거나 미리 막을 수 있기 때문이다. 어느 정도 가벼운 실수로 시기하는 자의 눈을 가려라. 이것이 당신의 명예를 오래 지키는 방법이다.

적을 공격하지 말고
이용하라

원하는 것을 얻고 싶을 때는 칼날이 아닌 칼자루로 얻어야 한다. 칼날은 날카로워 상처가 나기 때문이다. 특히 적을 대할 때는 공격하지 말고 적을 이용해야 한다. 어리석은 사람은 친구를 이용하지만 지혜로운 사람은 적을 이용한다. 적이 품은 악의가 오히려 어려움을 해결할 수 있는 실마리를 제공한다. 많은 사람이 적을 이용해서 위대한 일을 이루었다.

아첨은 증오보다 훨씬 위험한데 지울 수 있는 흠집까지 가려버리기 때문이다. 따라서 지혜로운 사람은 친절한 사람이 아닌 적의 거울을 더 신뢰한다. 적의 거울에 비친 자신의 모습을 보며 적의 입에 오르내린 결점을 개선하거나 없앤다. 그렇기에 경쟁자나 악의를 지닌 자를 옆에 두면 더 지혜로워진다.

자신을 너무
드러내지 마라

훌륭한 능력도 너무 많이 사용되면 악용될 여지가 생긴다. 모든 사람이 탐내기 때문에 골치 아파진다. 누구의 관심도 받지 못하는 삶은 불행하지만 모두에게 이용되는 것도 그 못지않게 불행하다. 이런 사람은 자신의 탁월함을 금방 소진하기 때문에 이겨도 지는 꼴을 당한다. 그를 향한 사람들의 마음도 얼마 가지 않아 시들어 버린다. 몇 안되는 사람에게 얻었던 존경심조차 사라져 버리고 천박한 자들 사이에 남아 불명예만 얻을 뿐이다.

이런 극단적인 상황에 부닥치지 않으려면 중용을 지켜야 한다. 탁월한 자가 되면서도 자신의 탁월함을 많이 드러내지 마라. 횃불의 불꽃이 클수록 더 빨리 닳아 없어진다. 마찬가지로 탁월함은 많이 드러날수록 소진되기 쉬워진다. 더 존경받고 싶다면 절제의 지혜를 발휘하라.

소문거리를
만들지 마라

많은 사람이 모이면 무리를 이룬다. 무리의 눈은 악의적이고 무리의 혀는 비난을 일삼는다. 안 좋은 소문이 하나라도 퍼지면 고귀한 명성에 흠집이 생긴다. 그리고 그 흠집은 이름표처럼 당신을 쫓아다니다 결국 위험에 빠뜨린다. 보통 소문은 결점이나 우스꽝스러운 면이 발견되면 시작된다. 때로는 시기하는 자가 사소한 일에 악의적인 소문을 추가할 때가 있다. 직접적인 과실보다 사악한 혀에서 나오는 교묘한 비웃음이 명성을 더 쉽게 무너뜨릴 수 있다.

사람들은 부정적인 말을 더 쉽게 믿어버리기 때문에 소문으로 나락에 빠지는 것은 한순간이다. 자신을 그만큼 깨끗하게 지키는 일이란 쉬운 일이 아니다. 따라서 매사에 침착하고 경계하여 추문으로부터 자신을 지켜야 이런 불운을 피할 수 있다. 추문을 바로잡는 것보다 예방하는 것이 훨씬 쉬운 법이다.

교양과 기품이
사람을 만든다

사람은 본디 야만인으로 태어난다. 교양을 쌓아야 야수
의 본성에서 벗어나 사람이 되고, 이를 많이 쌓을수록 고
귀해진다. 그리스인은 교양을 많이 쌓은 덕에 다른 세상
사람과는 달리 야만인의 대열에서 벗어날 수 있었다. 무
지한 사람이 교양을 쌓는 데 지식 만한 것이 없다.

하지만 기품이 없다면 아무리 지식이 많아도 소용없다.
지식뿐만 아니라 욕망과 대화에도 모두 기품이 있어야
한다. 영혼을 비추는 거울에는 내외적인 자질인 생각,
말, 옷차림 등이 있으며 이 모든 것에 기품을 타고난 사
람이 있다. 또 이런 사람은 영혼의 결실인 재능에도 기품
이 넘친다. 반면 기품이 없는 사람은 너무 거칠고 야만적
이고 불손하기 때문에 타고난 능력과 평판에 오점을 남
긴다.

품위 있는 사람은
관대하다

위대한 사람이라면 소심하게 행동하지 않는다. 특히 안 좋은 일을 세세하게 따지지 않는다. 중요한 일이라도 모든 것을 다 알 필요는 없다. 신사 같이 관대하게 행동해야 한다. 관대한 행동이야말로 용맹한 자가 할 만한 행동이다. 다스리는 자에게는 부하의 행동을 못 본 척 관대하게 넘기는 능력이 아주 중요하다. 친척이나 친구, 심지어는 적이 저지른 일도 적당한 선에서 관대하게 넘길 수 있어야 한다.

모든 것은 지나치면 아니함만 못한 법이다. 특히 이것이 불쾌함을 일으킬 만한 일이라면 더 그렇다. 불쾌한 일에 지나치게 집착하는 것은 미친 짓일 뿐이다. 사람은 마음이 가는 대로, 이해하는 대로 행동한다는 사실을 함께 기억하라.

스스로를 모르는 자에게
통달의 기회란 없다

너 자신을 알라. 자기 능력과 재능, 판단력, 취향이 어떤지 알아야 한다. 자신을 알지 못하면 어떤 것도 통달할 수 없다.

얼굴을 볼 수 있는 거울은 있지만 마음을 볼 수 있는 거울은 없다. 생각이라는 거울로 자신을 깊이 비추어라. 외적인 모습이 중요하지 않을 때가 되면 내적인 모습을 더 개발하여 완벽함에 이르도록 노력하라. 자신의 지성이 지닌 힘과 능력의 범위를 잘 파악하고 용기를 내어 자기 삶에 적용하라. 그리고 용기를 시험하라. 당신의 모든 면에 기초를 단단히 세우고 모든 일에 명철할 수 있도록 노력하라.

미덕을 갖춘 삶이
장수의 비결이다

좋은 삶을 사는 것이 곧 장수의 비결이다. 삶을 빨리 종결시키는 두 가지는 어리석음과 부도덕함이다. 어떤 사람은 생명을 유지할 만큼의 지식이 없어서 목숨을 잃는다. 또 어떤 사람은 충분한 의지가 없어서 목숨을 잃는다.

미덕은 그 자체가 보상인 것처럼 악덕은 처벌 그 자체다. 악하게 사는 사람은 죽음을 향해 질주하는 사람과 같다. 선한 삶은 영원하다. 굳건한 영혼이 건강한 육체로 이어진다. 따라서 선한 삶을 사는 사람은 내면과 외면이 모두 건강하고 장수한다.

자신을 이야기할 때는 조심해야 한다.
자기 자신을 칭찬하는 것은 공허한 일이며
자신을 비난하는 것은 옹졸한 일이다.

조금이라도 의심이 생긴다면
시작하지 마라

실패할 것 같은 마음이 조금이라도 생긴다면, 다른 사람의 눈에는 그것이 실패의 확실한 증거가 된다. 특히 라이벌의 눈에는 이런 마음이 쉽게 보인다. 열정이 과해 판단력이 흐려진 상태에서 시작한 일은 침착함을 되찾은 뒤에 어리석은 행동이라고 비난받기 쉽다. 확신이 없는데 행동하면 위험하다. 차라리 하지 않는 편이 낫다.

지혜로운 사람은 가능성을 믿지 않는다. 이성의 밝은 빛 아래에서만 행군할 뿐이다. 일의 초반에 잘못 판단했다는 생각이 들면 어떻게 성공할 수 있겠는가? 확신하여 진행한 일도 결과가 좋지 못할 때가 있는데 확신이 없는 사람에게 무엇을 기대할 수 있겠는가?

탁월한
지혜를 가져라

행동과 말을 아우르는 최고의 법칙은 단 하나의 지혜가
수많은 영리함보다 훨씬 가치 있다는 것이다. 따라서 더
높은 지위에 오르고, 더 많은 일을 맡을수록 지혜롭게 말
하고 행동해야 한다. 많은 찬사를 받지 못할지라도 지혜
롭게 행동하고 말해야 한다. 지혜가 유일한 방법이다. 지
혜롭다는 평판이 모든 명예를 앞선다. 지혜로운 자의 마
음에 들면 충분한 것이다. 이런 사람의 판단력은 진짜 성
공의 기준이 되기 때문이다.

스스로를 진정한
소우주로 만들어라

재능이 많은 한 사람이 여러 명을 대신할 수 있다. 이런
사람은 삶의 즐거움을 주위 사람과 나누며 인생을 풍요
롭게 만든다. 다재다능함은 인생의 기쁨이 될 수 있다.
선한 것으로 이득까지 얻을 수 있으면 이만큼 훌륭한 기
술이 없다. 인간은 자연의 축소판으로 만들어졌기 때문
에 진정한 소우주로 거듭날 수 있도록 자신의 안목과 지
성을 갈고닦아야 한다.

당신의 능력을
모두 보여주지 마라

만약 모든 사람에게 존경받고 싶다면 다른 사람이 자신이 지닌 능력과 지식의 깊이를 파악하지 못하게 하라. 지혜로운 사람은 자기 능력과 지식을 알려주기는 하되 깊이 있게 이해시키지 않는다. 자기 능력의 한계를 아무에게도 알려주지 않는다. 보통 알게 되면 실망하기 때문이다. 또 아무나 자기 능력의 깊이를 완전히 파악하게 두어서도 안 된다.

자기 능력을 상대방에게 완전히 드러내지 말고 신비주의를 고수하라. 신비주의는 경외심을 심어준다.

기대감이
식지 않게 하라

비전을 더 많이 제시하고 본받을 만한 행동으로 더 큰 기대를 갖게 하라. 한 판에 모든 운을 걸지 마라. 훌륭한 기술은 기대감을 유지시키면서 힘을 적절히 안배하며 절제하는 데 있다.

분별력으로
인생이 달라진다

최고의 분별력이야말로 최고 수준의 이성이자 지혜의 근본이다. 분별력이 있으면 가장 적은 비용으로 성공할 수 있다. 분별력은 하늘로부터 부여받기 때문에 분별력을 갈망하며 소망해야 한다. 분별력은 이를테면 갑옷의 가슴과도 같아서 이를 소유하지 않으면 불완전한 사람이 된다.

다른 능력은 많고 적음의 문제지만 분별력은 있고 없음의 문제다. 인생의 모든 문제는 분별력에 따라 달라지며 분별력이 있는 사람은 가장 합리적이고 확실한 길을 자연스럽게 찾아간다.

평판을
잘 유지하라

명성을 얻기 위해서는 값비싼 대가를 치러야 한다. 명성은 특별한 능력을 지닌 자를 뒤따르기 때문이다. 평범한 사람은 흔하지만 명망 있는 사람은 드물다. 일단 명성을 얻으면 비록 그에 따르는 의무가 있더라도 명성을 유지하기가 쉽다. 명성에는 많은 의무가 따르지만 더 많은 것을 가져다준다. 범접할 수 없는 위치로 명성을 얻으면 그 명성은 일종의 위엄과 존경심으로 발전할 수 있다. 하지만 이마저도 튼튼한 토대 위에 세워진 명성이라야 영원히 지속될 수 있다.

정념에 휩싸이지 말고
의도를 숨겨라

정념에 휩싸이면 당신의 영혼의 문은 속절없이 열린다.
정욕에 눈이 멀면 자신도 모르는 사이에 의도를 들킬 수
있다는 뜻이다. 그러므로 가장 실용적인 지식은 정념에
휩싸이지 않음과 동시에 자신의 의도를 감추는 데 있다.
카드 패가 노출되면 판돈을 잃을 위험이 커진다. 신중한
사람은 정보를 캐내려 하는 사람과 싸운다. 자신의 무기
를 숨긴 채 공격하는 오징어의 현명함을 배워라. 당신의
취향을 너무 드러내 보이지 마라. 상대방이 당신의 취향
을 역이용하거나 아첨하여 현혹하지 않도록 말이다.

겉모습이 중요하지
않다는 말은 거짓이다

겉모습 또한 가꾸어라. 보통 사람들은 진짜 본연의 모습을 보지 않고 보이는 대로 판단한다. 소수의 사람만이 내면을 볼 뿐이지 많은 사람은 겉모습을 따른다. 겉보기에 나쁘다면 옳은 일이라도 충분하지 않다.

철학은
생각하는 기술이다

환상에 빠지지 않는 사람, 현명한 종교인, 철학이 있는 정치 이 모두가 중요하다. 겉으로만 그렇게 보이려 하지 말고 진짜 그렇게 되도록 하라. 오늘날 많은 이들은 철학을 등한시하지만 지혜로운 사람은 철학을 가장 중요시한다.

생각의 기술인 철학은 예전의 명성을 잃었다. 철학자 세네카가 처음 로마에 철학을 전파한 이래, 철학은 로마 궁정에서 한동안 인정받았지만 지금은 중요시되지 않는다. 그래도 여전히 속임수를 파악하는 생각의 기술은 지혜로운 자의 진정한 양식이자 고결한 영혼의 진실된 기쁨이다.

100%가
동의하는 일은 없다

세상의 절반이 스스로 현명하다 생각하며 남은 절반을 조롱하지만 사실은 모두가 어리석다. 좋고 나쁨은 각자의 선택이다. 어떤 사람에게 의미 있는 것이 다른 사람에게는 비웃음거리가 될 수 있다. 자기 생각에 따라 모든 일을 좌지우지하려는 사람은 어리석은 사람이다. 탁월함은 한 사람의 즐거움이나 의견에만 의존하지 않는다. 사람의 취향은 다 다르다. 일부의 사람이 인정하지 않았다고 해서 결함이 아니며 몇몇 다른 사람을 즐겁게 하지 못했다고 해서 노심초사할 필요도 없다. 그 노력을 알아봐주는 사람은 분명히 있기 마련이다. 그러나 다른 사람의 칭찬에 좌지우지되지 마라. 비난하는 사람도 분명히 있을 것이기 때문이다. 그 분야의 전문가나 저명한 인물이 인정하면 진짜 칭찬받은 것이다. 다른 사람의 의견이나 유행, 시대에 일희일비하지 마라.

행운을 담을 수 있는
큰 그릇을 준비하라

신체에서 가장 중요한 기관은 소화를 담당하는 위다. 위가 크면 그만큼 소화할 수 있는 그릇도 크다는 뜻이다. 큰 그릇을 소유한 사람은 행운이 다가와도 당황하지 않는다. 한 사람에게 과분한 것이 다른 사람에게는 부족한 것일 수 있다.

능력의 크기가 원래 작거나 훈련이 부족해서 그릇이 작은 사람이 있다. 이런 사람은 행운이 오더라도 감당할 능력이 없어서 고통받는다. 감당 못할 명예를 얻은 사람은 여유가 없고 부자연스럽다. 높은 위치에 있어도 항상 위태롭다. 이런 사람에게는 행운이 어울리지 않기 때문에 제대로 누릴 수 없다. 그러므로 재능이 있는 사람은 큰일을 감당할 만큼 충분히 큰 그릇을 준비해야 하며 소심하다는 인상을 주지 않도록 해야 한다.

당신이 누구든
위엄을 가져라

비록 왕이 아닐지라도 자신의 행동에 왕의 품격이 스며들게 하라. 모든 일에 왕과 같은 위엄을 지니고 숭고한 행동과 고귀한 생각을 하라. 위엄 있는 행동을 한다고 해서 물리적인 권력이 생기는 것은 아니지만 그만한 가치가 있다.

진정한 왕권은 티끌 없는 올곧음에 있다. 진정한 왕은 위대한 자를 질투하지 않는다. 특히 왕 주위에 있는 사람은 지고의 탁월함에 이르기를 목표로 삼고, 이것이 단순한 행위가 아닌 참다운 자질이 되도록 노력해야 한다. 위엄 있는 척 가장하지 말고 진짜 위엄을 갖추도록 노력해야 한다.

다양한 환경에 맞춰
일을 시도하라

일할 때 필요한 자질은 다양하다. 각 자질을 잘 활용하기 위해서는 집중력과 뛰어난 분별력이 필요하다. 어떤 일에는 용기가 필요하지만 어떤 일에는 재주가 필요하다. 단순히 정직하기만 하면 되는 일이 가장 쉽고, 영리해야 하는 일이 가장 어렵다. 전자는 타고난 인격만 갖추면 되지만 후자는 집중하며 열심히 일해도 부족한 경우가 많기 때문이다.

사람을 다스리는 일은 까다롭다. 특히 이해력이 없는 사람에게는 두 배의 노력이 든다. 또 정해진 시간표와 규칙을 지켜야 하는 일은 견디기 힘들다. 융통성 있는 근무 환경이 훨씬 효율적이다. 융통성 있는 환경은 변화를 통해 정신을 환기시킬 수 있어서 경직된 환경보다 낫다. 가장 이상적인 일은 각자 독립적으로 일할 수 있는 일이며 최악의 일은 항상 근심과 스트레스에서 벗어나지 못하게 하는 일이다.

지루한 사람이
되지 마라

하나의 일이나 주제에만 골몰하는 사람은 자칫 무거워
지기 쉽다. 반면에 간결하면 더 돋보일 수 있다. 혹여나
너무 간결해서 놓친 것이 있다면 예의로 메울 수 있다.
좋은 일은 거추장스럽지 않아야 두 배로 좋아진다. 핵심
만 깔끔하게 전하는 것이 장황하게 전하는 것보다 더 효
과적이다. 말이 많으면 실속이 없는 법이다. 중앙 현관에
깔끔하게 자리 잡은 장식품이 화려하지만 거추장스러운
장식품보다 낫다. 거추장스러운 장식품은 오히려 손님
의 걸음에 방해가 된다.

지혜로운 사람은 다른 이를 지루하게 하지 않으며 특히
위대한 사람을 찌푸리게 만들지 않는다. 이런 사람을 방
해하는 것은 다른 사람을 방해하는 것보다 더 해롭다. 잘
말하는 것은 핵심만 간단히 말하는 것이다.

지위보다는
능력으로 인정받아라

상대방에게 권위를 앞세우는 것은 개인적인 매력을 앞세우는 것보다 불쾌하다. 저명인사 행세를 하면 질투심을 불러일으키기 때문에 미움을 받는다. 명예는 스스로 만드는 게 아니라 다른 이로부터 주어지는 것이다. 따라서 명예에 집착할수록 명예로부터 더 멀어진다.

높은 위치에 있으면 권위가 자연스레 부여된다. 자리에 걸맞은 권위가 없으면 의무를 제대로 감당할 수 없기 때문이다. 그러므로 자신의 임무를 감당할 정도의 권위만 행세하고, 다른 사람에게 존경을 강요하지 마라. 다만 존경을 얻기 위해 애쓰고 노력해야 한다.

존경이 아닌 권위만을 추구하면 권위를 부여받을 자격이 없는 사람이라고 스스로 증명하는 꼴이 된다. 가치 있는 사람이 되고 싶다면 지위로 인정받으려 하지 말고 능력으로 먼저 인정받아야 한다. 하물며 왕도 자신의 지위보다는 자기 능력으로 존경받기를 원한다.

어리석은 사람은
스스로 만족한다

지나친 자기만족은 피하라. 지나친 자기만족은 보통 무지에서 비롯된다. 무지하면 쉽게 만족하기 때문에 행복하다. 이런 자세는 다른 이에게 피해를 주지만 않는다면 나쁘지 않다. 이 세상에 완벽한 사람은 거의 없기 때문에 평범한 재능에 만족하는 편이 나을 수 있다. 하지만 지혜로운 사람은 항상 자신을 의심하며 자신에게 만족하지 않는다.

자기 불신은 일종의 지혜로 자기 자신을 경계하면 불행을 예방할 수 있다. 행여 불행이 닥치더라도 오히려 위안을 얻는다. 자기 자신을 불신하여 미래를 걱정해 본 사람은 불행이 닥치더라도 놀라지 않는다는 말이다. 『오디세이』를 쓴 호머도 깜빡 졸 때가 있고, 알렉산더 대왕도 왕좌에서 내려올 때가 있었다. 승리할 때도 있고 실패할 때도 있는 것처럼 일은 상황에 따라 달라진다.

하지만 어리석은 사람은 공허한 자기만족의 꽃을 피우고 다시 자기만족의 씨앗을 뿌리는 과정을 반복할 뿐 자기 자신을 경계하지 않는다. 그렇다고 자신을 너무 불신하면 불쌍한 영혼이 된다.

인간관계에서도
중도를 지켜라

위대함으로 통하는 길에는 언제나 사람이 있다. 습관과 안목을 다른 사람과 공유하면서 감각과 재능을 키울 수 있다. 가끔은 광적인 모임을 만들어보기도 하고, 다양한 기질을 지닌 사람과도 어울려봐야 한다. 외향적인 사람은 자신과 정반대인 내향적인 사람과 친구가 되어야 한다. 그러면 애쓰지 않아도 중용의 지혜를 얻을 수 있다. 다른 사람의 말에 수긍할 수 있는 능력은 훌륭한 기술이다.

세상이 아름다운 이유는 서로 상반된 것이 조화를 이루기 때문이다. 조화는 세상을 지탱하는 힘이다. 또 물리적인 조화는 도덕적인 조화로 이어진다. 친구나 동료를 선택할 때 이 점을 명심하라. 극과 극의 사람을 경험할수록 중도를 지키는 법을 터득할 수 있다.

비관적인
사람이 되지 마라

다른 사람을 부정적으로 비난하고 판단하지 마라. 모든 것을 부정적으로 판단하는 사람은 보통 악의가 있는 사람이 아니라 비관적인 성격을 타고난 사람이다. 이런 사람은 모든 사람을 비난한다. 이 사람은 과거의 일로 비난하고, 저 사람은 앞으로 할 일로 비난한다.

부정적인 사람을 보면 본성이 후천적 성격보다 더 잔인하고 부도덕할 수 있다는 사실을 알게 된다. 이런 사람은 티끌만 한 작은 결점을 큰 결점으로 과장하여 다른 이를 비난한다. 또 천국을 감옥으로 만들어버린다. 여기에 정념이 들어가면 일을 극단으로 몰고 갈 수 있다. 반면에 고귀한 본성을 지닌 사람은 다른 사람이 저지른 실수가 의도적인 실수가 아니라면 관대하게 넘어간다.

약한 모습은
숨겨라

지혜로운 사람은 자신이 버림받기 전에 먼저 다른 사람을 버린다. 사람은 끝에 가서 승리를 쟁취할 수 있어야 한다. 태양도 자신이 저물어가는 모습을 들키지 않기 위해 가장 빛날 때 구름 뒤에 가서 숨는다. 지혜로운 사람은 이와 같은 방식으로 불운에 대비한다.

다른 사람이 먼저 등을 돌리게 하지 말라. 또 머뭇거리다 다른 사람에게 영광을 뺏기는 모습을 지켜보는 산송장이 되지 마라. 지혜로운 사람은 실패가 예상되면 조롱받기 전에 미리 자기 경주마를 경기장에서 빼놓는다.

친구는
제2의 자신이다

친구란 모름지기 서로에게 선하고 지혜로운 존재다. 좋은 친구와 함께하면 모든 것이 선을 이룬다. 모든 사람은 기대받는 대로 행동한다. 다른 사람에게서 좋은 말을 듣고 싶다면 먼저 마음을 얻어라. 마음이 가는 대로 말이 따라간다.

여기에 친구를 사귀는 비법이 있다. 좋은 말과 행동을 먼저 베풀면 상대방의 마음을 얻을 수 있다. 사귐에 있어서 호감은 가장 효과적인 도구다. 호감은 친절한 행동과 말로 얻을 수 있다. 사람은 어떤 사람을 만나느냐에 따라 행동과 모습이 달라진다.

만약 주위에 친구가 없다면 석으로 둘러싸여 살아야 한다. 친구를 찾을 수 없다면 최소한 안녕이라도 빌어줄 수 있는 사람을 찾아라. 이런 사람과는 머지않아 친밀한 관계를 맺을 수 있다.

호감은
목표 달성의 지름길이다

신은 인간이 호감을 이용해 위대한 일을 이룰 수 있게 만들어놓았다. 다른 사람에게 호감을 얻으면 좋은 평판도 덤으로 얻을 수 있다. 지나치게 자기 자신을 믿어서 남의 호의를 거부하는 사람도 더러 있다. 하지만 남의 호감을 얻으면 목표를 쉽게 이룰 수 있다. 호감이 곧 목표를 이루는 지름길인 셈이다. 지름길로 들어서면 시간을 절약할 수 있다는 사실을 기억하라.

또 호감 속에는 용기, 열정, 지식, 분별력과 맞먹는 힘이 들어 있다. 상대방에게 호감이 있으면 결점이 눈에 잘 들어오지 않는다. 호감은 지위나 국적, 일과 같이 물질적인 영역에 공통분모가 있으면 쉽게 얻어진다. 또 능력이나 의무, 명성, 가치와 같은 더 숭고한 정신적인 영역에 뜻을 같이하는 사람에게서도 호감을 얻을 수 있다. 호감을 얻는 것은 처음에는 어렵지만 한 번 얻으면 쉽게 지킬 수 있다. 그러므로 호의를 얻도록 항상 노력하고, 호의를 얻었다면 잘 이용하도록 하라.

성공에 취하지 말고
역경을 미리 대비하라

겨울을 날 식량은 여름에 미리 비축해 두어야 나중에 수월하다. 성공을 누리고 있을 때는 다른 사람에게서 쉽게 호의를 얻을 수 있을 뿐 아니라 친구도 많이 모인다. 불운한 날을 대비해 인간관계를 잘 유지해야 한다.

역경에 처하면 소중한 사람을 쉽게 잃는다. 따라서 자신을 기꺼이 도와줄 사람을 평소에 많이 만들어놓아라. 도움이 필요한 날이 언젠가는 오기 때문이다. 비열한 사람 곁에는 친구가 없다. 운이 따라줄 때는 사람을 알아보지 못하고, 불운이 따를 때는 사람의 눈에 들지 못하기 때문이다.

명예로운
경쟁이란 없다

경쟁하면 신뢰에 금이 간다. 경쟁자는 앞서 나가기 위해 상대방의 눈을 가릴 기회만 호시탐탐 노린다. 명예로운 전쟁이란 존재하지 않는다. 다른 사람과 경쟁하면 감출 수 있는 결점도 드러나기 마련이다. 경쟁자가 없어도 좋은 평판을 유지하는 사람이 많다. 하지만 경쟁으로 발생한 갈등은 잠자고 있던 추문에 다시 불을 지핀다.

경쟁은 상대방을 과소평가하면서 시작된다. 일단 경쟁하기 시작하면 경쟁자는 할 수 있는 모든 수단을 동원해서 상대방을 무너뜨리려 한다. 이것으로 모자라면 앙갚음하기 시작한다. 상대방의 명예를 실추시키는 일이라면 서슴없이 행한다. 반면에 선한 사람은 언제나 평안하며 이런 사람에게는 명성과 위엄이 뒤따른다.

친구의 단점에
익숙해져라

못생긴 얼굴도 자꾸 보다 보면 익숙해지는 것처럼 친구의 단점에도 익숙해져야 한다. 서로 의지하는 친구라면 더더욱 그가 지닌 단점에 익숙해져야 한다. 사람을 사귀다 보면 형편없는 사람인데도 어울려야 하는 경우가 있는데 이때 영리한 사람은 당황하지 않는다. 처음에는 이런 사람을 상대하기 힘들겠지만 지내다 보면 차츰 나아진다.

명예로운 사람과
행동을 같이하라

그들을 신뢰하고 그들이 당신을 신뢰하도록 만들어라.
명예로운 사람은 항상 자기 자신이 누구인지 알기 때문
에 오해가 생겨도 확신 있게 행동한다. 불명예스러운 사
람과 겨루어 이기는 것보다 지더라도 명예로운 사람과
겨루는 게 낫다.

정직하지 않은 사람을 도와주어서는 안 된다. 정직하지
않은 사람은 우정도 모르고, 약속도 지키지 않는다. 아무
리 긴박해 보여도 쉽게 도와주지 마라. 이런 사람과는 관
계를 맺어서도 안 된다. 명예를 지키지 않는 사람은 미덕
도 행하지 않는다. 명예는 정직의 왕좌다.

스스로를 칭찬하거나
비난하지 마라

자신을 이야기할 때는 조심해야 한다. 자기 자신을 칭찬하는 것은 공허한 일이며 자신을 비난하는 것은 옹졸한 일이다. 말하는 사람도 보기 좋지 않고 듣는 사람도 기쁘지 않다. 평범한 대화에서도 자신에 대한 말을 삼가야 하고 공식적인 자리에서는 더더욱 조심해야 한다. 대중 앞에서 특히 조심해야 하는데 지혜롭지 않은 모습을 보이면 진짜 어리석은 사람이 되기 때문이다. 지혜 없이 자기 자신에 대해 말하면 두 가지 극단으로 치닫기 쉽다. 하나는 잘난 체, 다른 하나는 자기 비난이다.

예의를 갖추면
대가가 따라온다

예의 있는 사람은 다른 사람의 호감을 수월하게 얻는다. 예의는 교양의 주재료로 예의가 있으면 마법을 부린 듯 상대방의 마음을 쉽게 움직일 수 있다. 반대로 예의가 없으면 비호감이 되고 상대방을 적으로 만들어버린다. 교만한 사람은 상대방 앞에서 예의를 차리지 않고, 비열한 사람은 원래 성품이 그러해서 예의를 차리지 않는다.

예의가 없는 것보다 넘치도록 많은 게 차라리 낫다. 하지만 사람을 가리지 않고 언제나 공손한 것도 좋지 않다. 상황이나 상대방의 행동에 따라 예의도 달라져야지, 그렇지 않으면 오히려 더 부당한 사람이 되기 때문이다. 하지만 적 앞에서 정중하게 행동하는 사람은 용감한 사람이다. 예의가 있으면 적은 비용으로 큰 대가를 얻을 수 있다. 예의 있게 행동하면 그만큼 대접받는 것은 물론이며 명예를 얻는다.

미움받는 사람이
되지 마라

굳이 노력하지 않아도 사람은 한순간에 비호감으로 전락할 수 있다. 많은 사람이 별다른 이유 없이 증오를 일삼는다. 증오는 언제나 친절함보다 빠르게 움직이기 때문에 사랑하기보다 미워하기가 더 쉽다.

증오하는 사람 안에 있는 악한 본성은 다른 사람에게 해를 입힌다. 이런 증오의 마음은 욕망하는 마음보다 커서 자신의 이익보다 남의 손해에 더 관심이 많다. 또 어떤 사람은 항상 화가 나 있어서 스스로 미움을 산다. 일단 사람의 마음에 증오가 자리잡으면 없애기가 쉽지 않다.

지혜로운 사람은 존경을 받고, 사악한 사람은 혐오를 받으며, 오만한 사람은 경멸을 받고, 광대는 무시를 받으며, 괴짜는 아무도 거들떠보지 않는다. 따라서 귀하게 여겨지고 싶다면 먼저 남을 귀하게 여겨라.

유행을 따르되
선의를 지켜라

지식도 시대를 탄다. 시대를 따라가지 못할 바에는 차라리 모르는 척하는 편이 낫다. 생각과 취향은 자주 바뀐다. 고리타분한 사고방식을 버리고 당신의 취향을 시대에 맞춰라. 다수의 취향에 따라 모든 것이 결정되기 때문에 더 높은 지위를 얻고 싶다면 다수의 취향을 따르는 것이 좋다.

몸을 치장할 때는 마음에 들지 않더라도 유행을 따라라. 하지만 선의의 문제는 예외다. 선의는 유행을 타지 않으며 언제나 똑같은 모습이다. 선의를 따르는 사람을 고리타분한 사람처럼 보는 것 같다. 이런 사람은 시대를 막론하고 모두의 호감을 사지만 유행을 따르지 않기 때문에 주류가 되지 못한다. 미덕을 낯설어하고 악덕을 당연시하는 현 세태가 안타까울 뿐이다.

어리석은 시대에 살더라도 최대한 지혜롭게 살도록 노력해야 한다. 그리고 운명이 당신에게 허락하지 않은 것보다 현재 당신에게 주어진 것을 더 소중히 여겨라.

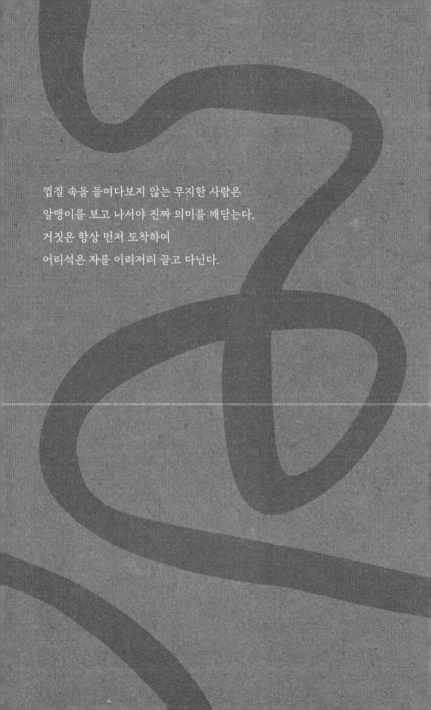

껍질 속을 들여다보지 않는 무지한 사람은
알맹이를 보고 나서야 진짜 의미를 깨닫는다.
거짓은 항상 먼저 도착하여
어리석은 자를 이리저리 끌고 다닌다.

사소한 일을
크게 벌이지 마라

어떤 사람은 모든 것을 소문으로 만들고, 어떤 사람은 모든 일을 크게 벌인다. 호사가들은 매사에 호언장담하며 사소한 일도 문제 삼아 분쟁을 조장하거나 비밀을 만드는 데 능숙하다.

말썽이 될 만한 일은 진지하게 받아들이면 안 된다. 무시해도 될 일을 중요하게 여기는 일은 어리석은 짓이라는 뜻이다. 호사가들은 정작 무시하지 말아야 할 중요한 일을 무시하고, 아무것도 아닌 일에 의미를 부여한다. 초기에는 크게 벌어진 일을 쉽게 진압할 수 있지만 시간이 지날수록 쉬이 매듭지을 수 없어진다. 치료제가 되레 독이 되는 경우가 많다는 사실을 기억하라. 내버려 두어야 할 일은 그냥 두어야 한다는 인생의 가르침을 기억하라.

내면의 품격은
감춰지지 않는다

말과 행동이 훌륭하면 명예와 존경이 따라온다. 사람의
품격은 말과 겉모습, 심지어는 걸음걸이에도 나타난다.
다른 사람의 마음을 얻는 사람이 진짜 승리자다. 진정한
탁월함은 어리석은 생각이나 거만한 말에서 나오지 않
고 품격과 재능이 어우러져 만들어낸 권위에서 나온다.

능력은
자연스럽게 보여줘라

뛰어난 사람일수록 잘난 체하지 말아야 한다. 잘난 척은 다른 사람에게 천박한 인상과 함께 불쾌한 감정을 심어준다. 모름지기 언행이 자연스러워야 보는 사람도 편안한 법인데 아무리 탁월한 사람이라도 잘난 척하면 보기 거북하다. 또 사람들은 행동이 부자연스러우면 그 사람을 믿지 않는다. 자연스러운 행동에 호감이 따르는 법이다.

어떤 일에 상당한 노력을 기울였다면 그 공로를 억지로 인정받으려 하지 말고 오히려 감추어야 한다. 모든 노력은 언젠가는 자연스럽게 드러나기 때문이다. 반대로 잘난 체하지 않는 사람인 척 가장하지도 말아야 한다. 현인은 자신이 가진 장점 자체를 드러내지 않는다. 자기 능력에 무관심하면 오히려 다른 사람에게 주목받는다. 자기 자신이 아닌 다른 사람에게 인정받는 사람이 두 배로 위대한 법이다. 이런 사람은 모두에게 찬사를 받는다.

대체 불가한
실력자가 인정받는다

어디를 가든 없어서는 안 될 사람이 되어라. 지혜로운 사람은 꼭 필요한 사람이 되는 것을 최고의 행복으로 여긴다. 보통은 일을 마친 사람을 붙잡지 않는다. 하지만 없어서는 안 될 사람이라 여기면 붙잡을 수밖에 없다.

필요한 사람이 되는 비결은 바로 대체 불가한 능력을 소유하는 것이다. 여기에 상냥한 태도까지 갖추면 금상첨화다. 자리 때문에 빛나는 사람이 아니라, 자리를 빛내는 사람이 되어라. 하지만 후임자가 너무 형편없는 사람이라 당신이 빛나는 경우는 별 이득이 없다. 당신의 능력이 뛰어나다는 뜻이 아니라 후임자가 실력이 없다는 뜻이기 때문이다.

흠을 집어내는
사람이 되지 마라

다른 사람의 추문에 관심을 가진다는 것은 자신의 평판이 나빠지기 시작했다는 신호다. 어리석은 사람은 자신의 흠을 다른 사람의 흠으로 덮고, 남의 흠을 들추어내면서 위안을 얻는다.

이런 사람은 악취를 풍기며 이곳저곳에서 추문을 만들어낸다. 하지만 남의 추문을 들춰낼수록 자신만 더럽혀진다는 사실을 모른다. 털어서 먼지가 나지 않을 만큼 완벽한 사람은 이 세상에 없다. 아무런 흠이 없을 것 같은 사람은 우리가 잘 모르는 사람이라서 그렇게 보이는 것일 뿐이다. 따라서 결점을 집어내는 사람이 되지 않도록 주의하라. 심장 없는 인간으로 가증스럽게 살고 싶지 않다면 말이다.

하나의 결점이
재능을 감춘다

진짜 어리석은 사람은 어리석은 행동을 하는 사람이 아니라, 그 행동을 감추지 못하는 사람이다. 욕망도 감춰야하지만 결점은 더 감춰야 한다. 지혜로운 사람은 실수를 드러내지 않으려 노력하지만 어리석은 사람은 실수를 자랑한다. 그래서 훌륭한 업적을 이룬 사람보다 실수가드러나지 않은 사람에게 명성이 오래 머문다. 특히 사생활이 깨끗하지 못한 사람일수록 조심해야 한다.

일식 때가 되면 달도 태양 빛을 감출 수 있다. 이처럼 사소한 실수가 위대한 재능을 가리지 못하게 해야 한다. 친구 사이에서도 서로의 실수를 드러내지 않아야 하고 할수 있다면 자기 자신에게도 실수를 감춰야 한다. 여기에 필요한 인생의 법칙은 망각하는 법을 배워야 한다는 것이다.

생기를 머금은
사람이 되어라

우아한 사람은 재능과 말, 행동에 생기가 있다. 우아함으로 장식된 사람은 어디를 가든 빛난다. 본성을 장식하는 것은 완벽함이지만, 완벽함을 장식하는 것은 우아함이다. 우아함이 있어야 완벽한 재능도 빛이 난다는 뜻이다. 우아함은 생각에서도 드러난다. 우아함이란 대부분 타고난 자질이기 때문에 교육이나 훈련으로 쉽게 완성할 수 없다. 우아함은 편안함 이상의 자질이며, 어려움도 쉬이 넘어갈 수 있는 능력이자 완벽함을 이루는 마지막 단계다. 우아함이 없으면 아름다움도 생기를 잃고 친절함도 꼴사나워진다. 우아함은 용기, 분별력, 지혜, 심지어는 위엄을 능가하는데 그 자체가 어려움을 쉽게 비껴갈 수 있는 지름길이다.

고상한 사람은
두 배로 빛난다

신사의 주요 자질 중 하나가 고상함이다. 마음과 취향에
기품이 있고 드높은 정신과 감정을 지니기 때문에 자연
스레 위엄이 뒤따른다. 어디를 가든지 칭송받으며 어려
움을 전화위복으로 만드는 힘이 있다. 또 의지가 따르지
않는 순간에는 의지를 북돋아 준다. 포용력과 너그러움,
그리고 모든 영웅적 자질은 고상함에서 비롯한다.

불평 대신
신뢰를 나눠라

불평은 연민보다 화를 부른다. 또 불평은 그 불평을 들은 사람이 나중에 비슷한 행동을 하도록 길을 터준다. 자신이 받은 모욕을 밝히면 또 다른 모욕적인 행동을 부른다. 과거의 일을 불평하면 미래에도 불평할 일이 반드시 생긴다.

불평을 일삼는 사람을 기꺼이 도와주려는 사람은 드물다. 오히려 도움을 청하면 무시나 경멸을 받는다. 따라서 불평하지 말고 남의 호의를 칭찬하도록 하라. 칭찬을 들으면 사람은 계속 호의적으로 행동해야겠다고 마음먹게 된다. 호의를 받고 싶다면 자신이 받았던 호의를 언급하면 된다.

따라서 불평보다는 신뢰를 파는 사람이 되어야 한다. 영리한 사람은 실수나 결점을 들춰내지 않는다. 이렇게 사려 깊은 사람이 우정도 잘 유지하고 반감도 잠재운다.

자신을
제대로 보여줘라

사람은 세상만사를 있는 그대로가 아니라 보이는 대로
판단한다. 먼저 쓸모 있는 사람이 되고 동시에 그 쓸모를
드러낼 방법을 찾아라. 잘 드러낼 수 있으면 그 효과가
배가된다. 보이지 않는 것은 존재하지 않는 것과 마찬가
지다. 올바른 사람도 올바른 사람으로 보이지 않으면 인
정받지 못한다. 속을 제대로 관찰하는 사람보다 겉모습
에 속아 넘어가는 사람이 훨씬 많기 때문이다.

많은 일이 속임수로 좌지우지되며 많은 사람이 겉모습
으로 판단한다. 겉으로 보이는 것과 실제는 다른 게 많지
만, 외관이 훌륭하면 내면의 완벽함을 더 효과적으로 드
러낼 수 있다.

리더라면
위대한 포용력을 갖춰라

고결한 정신은 다른 정신과 구별된다. 고결한 정신에는 용기와 우아함이 깃들어 있다. 고결한 정신을 지닌 사람은 드문데 위대한 포용력이 뒷받침되어야 하기 때문이다. 고결한 사람은 적에 대해 좋게 말하고, 적 앞에서 바람직한 행동을 한다. 그리고 복수해야 할 순간에 가장 밝게 빛난다. 승리의 순간, 적에게 생각지도 못한 관용을 베풀어 값진 승리를 이끌어낸다.

고결한 마음이야말로 사람을 지혜롭게 다스리는 최고의 방법이다. 이런 마음을 지닌 사람은 승리를 과장하지 않으며 공로를 인정받아도 자신의 업적을 과시하거나 드러내지 않는다.

오늘의 판단을
점검하라

자신의 생각을 늘 돌아보고 다시 점검하는 습관이 있으면 모든 일을 안전하게 처리할 수 있다. 상황이 분명하지 않을 때는 확신이 들 때까지 시간적 여유를 가지고 지켜보라. 시간이 확보되면 이성적으로 판단할 수 있고 근거를 충분히 마련할 수 있기 때문이다. 선물을 줄 때도 급하게 준비한 선물보다 시간을 들여 고른 선물이 더 값진 법이다. 오랜 기대가 최고의 선물이다.

마찬가지로 거절해야 할 때도 확답을 주기 전에 먼저 시간을 확보해야 한다. 거절하는 사람은 여유를 가지면서 가장 적절하게 거절하는 방법을 찾을 수 있고, 부탁하는 사람은 처음 보였던 마음의 열기가 식어 거절을 덤덤하게 잘 받아들일 수 있다. 따라서 답을 급하게 종용하는 사람의 요구는 미루는 게 최선이다. 답을 강요하는 것은 상대의 경계심을 해제하기 위한 속임수일 경우가 많기 때문이다.

때로는
모른 척하는 것도 지혜다

홀로 지혜롭기보다 무리와 함께 미치는 게 낫다. 정치인이 항상 하는 말이다. 만약 모든 사람이 미쳤다면 아무도 미친 자라 취급하지 않는다. 하지만 어리석은 대중 가운데 혼자 지혜롭다면 홀로 미친 사람이 될 수 있다. 중요한 것은 물살을 거스르지 않는 것이다. 가장 훌륭한 지혜가 무지에서 나올 때가 있고, 모른 척하는 것도 지혜일 때가 있다.

사람은 모름지기 타인과 함께 살아야 하는 존재이며 대다수의 사람은 무지하다. '완전히 홀로 지내는 사람이 있다면 그 사람은 신이거나 야수일 것이다'라는 격언이 있다. 나는 이 격언을 이렇게 바꾸고 싶다. '홀로 미치는 것보다 무리와 함께 지혜로운 자가 되어라.' 물론 괴물이 되기를 불사하면서까지 특이한 사람이 되려는 경우가 간혹 있기는 하다.

대비하는 자세는
인생의 선택지를 넓힌다

만약의 경우를 대비해라. 그렇게 하면 인생의 선택지가 두 배로 늘어난다. 제아무리 탁월한 사람도 한 가지 길만 고집하면 안 된다. 인생의 모든 일, 특히 성공을 위한 일이나 도움이 필요한 일에는 경우의 수를 먼저 생각해야 한다. 달도 시간이 지나면 변화하듯 변화 앞에서는 한계가 있을 수밖에 없다. 변화에 맞서는 현자의 세심함이란 만약을 대비해 유용한 자원을 두 배로 쌓아 두는 것과 같다. 신은 위험에 대비해 팔과 다리를 쌍으로 만들어주었다. 성공을 이루기 위한 능력도 마찬가지다.

상대방의 말에
트집 잡지 마라

주로 어리석거나 고집불통인 사람이 다른 사람의 말에 트집을 잘 잡는다. 따라서 지혜로운 사람이라면 반박하는 사람을 조심해야 한다. 모든 일을 문제삼는 사람은 어떤 면에서 똑똑할 수는 있어도 주로 어리석다는 평가를 받는다. 이런 사람은 즐거운 대화를 논쟁으로 바꾸고, 동료를 일면식도 없는 사람보다 못한 취급을 하며 공격한다. 산해진미를 즐기다 모래알이 씹히면 거슬리듯이 즐거운 자리에 언쟁이 가세하면 그 자리는 더 이상 즐겁지 않다.

야생동물과 길들인 가축을 함께 멍에로 묶어두는 사람은 어리석다 못해 잔인한 사람이다. 반박하기를 즐겨 사소한 말에도 트집을 잘 잡는 사람은 야생동물과 같아서 분쟁을 쉽게 야기한다는 말이다.

일의 핵심을
파악하라

핵심을 파악하면 일의 흐름을 알 수 있다. 많은 사람이 쓸모없는 토론이나 장황한 수다 속에서 헤매다 사태의 본질을 깨닫지 못하곤 한다. 사소한 쟁점에만 매달려 있으면 자신은 물론 다른 사람까지 지치게 하고, 결국 가장 중요한 문제는 건드려 보지도 못한다. 가장 중요한 일에 집중하지 못하는 이유는 중요한 것과 중요하지 않은 것을 구별하지 못하기 때문이다. 이런 사람은 사소한 문제에 시간과 에너지를 낭비하다 정작 중요한 일을 처리해야 할 때 집중하지 못한다.

본인의 일에
오롯이 홀로 만족하라

현자는 스스로 만족하는 사람이다. 현자는 오롯이 홀로 모든 것을 자기 어깨에 이고 다닌다. 로마와 같이 발전한 나라를 대표할 만큼 뛰어난 사람은 홀로 자신을 감당할 위치에 있다는 뜻이다. 자기보다 더 뛰어난 재능과 취향을 가진 사람이 없는데 누구와 친구가 되겠는가? 이런 사람은 자신만 의지하는 편이 낫다. 절대자와 같은 상태이기 때문에 스스로 행복하다. 혼자서 만족하며 살 수 있는 사람을 야생에서 홀로 살아가는 짐승과 단순히 비교하면 안 된다. 스스로 만족하는 능력은 신의 본성이며, 이런 능력을 가진 사람은 많은 면에서 현인의 경지에 오를 수 있다.

그대로 내버려 두는 것도
기술이다

어떤 일에 대한 사람들의 반응이 거친 파도처럼 걷잡을
수 없다면 그냥 내버려 두어야 한다. 살다 보면 거친 태
풍과 같은 날을 만날 때가 많다. 이럴 때는 항구로 돌아
가 닻을 내리고 태풍이 지나갈 때까지 잠잠히 기다려야
한다.

간혹 치료제를 써도 몸이 말을 듣지 않는 경우가 있다.
이럴 때도 마찬가지로 몸이 자연적으로 회복될 때까지
기다려야 한다. 현명한 의사라면 처방하지 말아야 할 때
를 알고, 때로는 치료제를 쓰지 않는 게 더 효과적이라는
사실을 안다.

대중의 소용돌이도 마찬가지로 스스로 잠잠해질 때까지
내버려 두어야 한다. 지금 물러나면 나중에 승리한다. 땅
에서 솟아나는 샘물은 조금만 건드려도 탁해지고 모양
이 흐트러지기 때문에 그냥 내버려 두는 게 낫다. 따라서
모든 소란을 가라앉히는 가장 효과적인 방법은 스스로
진정될 때까지 기다리는 것이다.

때를
놓치지 마라

일진이 사나운 날이 꼭 있다. 이런 날은 무슨 일을 해도 운이 따라주지 않는다. 어떤 일이어도 두 번만 해보면 오늘이 일진이 사나운 날인지 아닌지를 알 수 있다. 그러나 모든 것이 변한다. 지혜도 마찬가지라서 사람이 항상 지혜로울 수는 없다. 많은 것이 운이나 때에 따라 좌우된다. 완벽함이 빛을 발하는 때가 있고 아름다움도 절정에 이르는 때가 있다. 심지어 지혜도 때에 따라 적게 발휘되는 날이 있고 많이 발휘되는 날도 있다. 이처럼 일의 결과가 좋으려면 때를 잘 타야 한다.

그렇기 때문에 비슷한 상황에도 결과가 좋은 사람이 있고, 결과가 나쁜 사람이 있다. 때를 잘 타면 무슨 일이든 큰 어려움 없이 넘어갈 수 있으며 최고조에 이른 기지와 재능을 칭찬받고 행운까지 상승한다. 이럴 때는 무조건 기회를 움켜쥐어야 한다. 사소한 기회 하나라도 놓치지 않아야 한다. 하지만 명민한 사람은 사소한 조짐만으로 행운의 날과 불운한 날을 성급하게 단정 짓지 않는다는 사실을 함께 기억하라.

아름다움을 찾는
눈을 갖춰라

안목이 높은 사람의 공통적인 장점은 대개 상대방의 좋은 점을 먼저 찾는다는 것이다. 꿀벌은 벌집을 만들기 위해 꿀로 향하고, 독사는 독을 만들기 위해 쓴 풀로 향한다. 취향도 마찬가지라서 어떤 사람은 상대의 좋은 점을 먼저 찾고, 어떤 사람은 나쁜 점을 먼저 찾는다. 이 세상 모든 것에는 저마다 좋은 점이 한 가지씩 꼭 있다. 책도 마찬가지다. 아무리 가벼워 보이는 책도 읽다 보면 배울 점을 발견하게 된다.

하지만 세상의 많은 사람은 상대방이 가진 수천 가지 장점에는 아랑곳하지 않고 한 가지 치부에만 집중하며 비난한다. 마치 청소부라도 되는 듯 사람의 마음과 정신 속 흠집을 이 잡듯 뒤진다. 그렇게 다른 이의 흠으로 가득한 치부책을 머릿속에 채워 넣는다. 이런 행동은 자신에게 도움이 되기는커녕 안목만 낮춘다. 쓰레기를 뒤지며 남은 음식으로 허기를 채우는 부랑자처럼 슬픈 삶을 살게될 뿐이다. 반면에 수천 가지 결점에도 아름다운 점 한 가지를 기가 막히게 찾아내는 사람도 있다. 이런 사람의 긍정적인 안목은 행운을 부른다.

나 자신에게만 집중하는 사람은
어리석은 사람이다

상대방을 배려하지 않고 자기에게만 집중하지 마라. 다른 사람을 불쾌하게 하면서까지 나 좋은 일만 하면 안 된다. 일반적으로 경멸이란 자기만족에 대한 처벌이다. 그러니 자기 자신에게 쏟는 관심의 방향을 다른 사람에게 돌려라.

듣는 것과 말하는 것을 동시에 하면 집중하지 못한다. 마찬가지로 자기 자신에게만 관심이 쏠려있으면 다른 사람이 눈에 들어오지 않는 법이다. 눈앞에 다른 사람을 두고도 자기 말만 하는 어리석은 사람이 되지 마라.

또 "제가 전에 말했던 것처럼" 혹은 "알겠죠?" 같이 상대방이 이해했다고 전제하고 말하는 습관은 혼란을 부른다. 이는 자기 말에만 집중하기 때문에 나타나는 습관이다. 그리고 말할 때마다 상대방의 칭찬과 아첨을 바라는 것도 안 좋은 습관이다. 지혜로운 사람도 이런 사람을 인내하지 못한다. 거만한 사람은 다른 사람이 아첨하는 반응에 기대어 겨우 말을 이어간다. 이들에게는 한 마디가 끝날 때마다 어리석은 "브라보!"가 필요하다.

더 좋은 것을
먼저 선택하라

고집을 부리다 잘못된 길을 선택하지 마라. 특히 경쟁에서 상대의 예상을 벗어나려고 반대로 행동하면 낭패를 보기 쉽다. 상대가 당신이 옳은 쪽을 택할 거라 예상했다고 해서 일부러 나쁜 쪽을 선택하는 것은 패배할 싸움을 시작하는 것과 같다. 그러면 불명예스럽게 떠날 수밖에 없다. 무기가 나쁘면 절대 이길 수 없으며 좋은 패를 먼저 선택하는 사람이 영리한 사람이다. 상대를 뒤쫓아 가려고 최악의 패를 선택하는 사람은 어리석은 사람이다.

말보다 행동에 더 큰 위험이 있기 때문에 행동에 고집을 부리면 위험을 자초한다. 이런 식으로 고집을 부리는 사람은 대개 반대를 위친 반대를 하나 신실를 보지 못하는 실수를 저지른다. 또 소모적인 논쟁만 일삼다가 쓸모없어진다.

현명한 사람은 정념에 휘둘리지 않으며 옳은 일을 먼저 찾아내거나 그것을 개선하여 더 좋게 만든다. 반면에 어리석은 사람은 반대편으로 돌아가 더 나쁜 길로 접어든다. 상대가 더 좋은 것을 선택하지 못하게 하려면 당신이 먼저 선택하면 된다. 그러면 어리석은 상대는 고집을 부리다 좋은 길을 포기하고 대가를 치르게 될 것이다.

이성에서 벗어난
행동을 하지 마라

진부함을 피하려다 현실과 동떨어지는 모순을 선택하지 마라. 이성에서 벗어난 행동은 다 어리석은 행동이다. 모순적인 사람은 사기꾼과 같다. 이런 사람은 처음에는 신선하고 짜릿하기 때문에 찬사를 받는다. 하지만 곧 그 실체가 드러나 신뢰를 잃고 공허함에 빠진다.

혹여나 정치적인 문제와 관련되면 나라를 파멸시킬 수도 있다. 탁월한 능력도 없고 위대한 행동을 할 배짱은 더욱 없기 때문에 모순의 길을 자처해서 들어간다. 처음에는 어리석은 사람에게 칭송받지만 결국에는 진정한 현자만 돋보이게 할 뿐이다. 모순적인 행동은 거짓에 기초하지 않으면 불확실성에 기대야 하기 때문에 더 큰 위험 부담을 안는다. 양극단으로 지나치게 치우치면 자기 평판을 해치는 법이다.

다른 사람의
목표를 이용하라

목표를 이루기 위해 때로는 다른 사람의 목표를 이용할
수 있어야 한다. 다른 사람의 목표를 이용할 때는 먼저
상대방에게 눈앞에 보이는 이득을 제시하고 끌어들여
라. 상대방은 목표가 순조롭게 잘 이루어진다고 생각하
겠지만 사실은 다른 목표를 향해 가고 있는 것이다. 이런
방식을 이용하면 자신의 목표를 수월하게 이룰 수 있다.
하지만 암초를 만났을 때는 섣불리 앞서가면 안 된다.
까다로운 사람에게는 앞서 제시한 방식이 유용하지 않
을 수 있다. 하지만 다른 사람의 목표를 잘만 이용하면
지혜롭게 자신의 목표를 이루는 삶의 기술이 된다.

나의 상처를
남에게 보이지 말라

상처 입은 손가락으로 모든 일이 방해받을 수 있다. 그러
므로 그것에 대해 불평을 하지 마라. 악의적인 사람은 약
점을 파고들기 때문이다. 화를 낼 필요도 없다. 놀림감이
되면 더 화가 날 뿐이다. 악의적인 사람은 상처를 찾아
자극하고, 성질을 부리게 만든다. 거기에 갖가지 방법을
동원해 급소를 찌르려 든다.

지혜로운 사람은 자신의 약점이 개인적인 문제든 타고
난 환경 탓이든 절대로 드러내지 않는다. 때때로 운명까
지도 우리의 가장 취약한 부분을 건드리고, 그 상처로 굴
욕감을 느끼게 만든다. 상대방의 공격을 멈추게 하고 싶
으면 약점을 감추어라. 그리고 즐거움도 절제해야 오래
지속할 수 있다.

내부를
들여다봐라

일반적으로 겉과 속은 다르다. 껍질 속을 들여다보지 않는 무지한 사람은 알맹이를 보고 나서야 진짜 의미를 깨닫는다. 거짓은 항상 먼저 도착하여 어리석은 자를 이리저리 끌고 다닌다.

반면 진실은 시간의 팔에 기대어 절뚝거리며 제일 늦게 들어온다. 지혜로운 사람은 이런 사실을 잘 알기 때문에 진실이 드러날 때를 대비해 힘의 절반을 비축해둔다. 속임수는 매우 피상적이다. 따라서 표면만 봐서는 쉽게 속을 수 있다. 지혜는 구석진 곳에 들어가 숨죽이고 있다. 지혜로운 자만 들어가서 지혜를 본다.

다가서기 어려운
사람이 되지 마라

다른 사람의 도움 없이 살아가는 완벽한 사람은 존재하지 않는다. 다른 사람의 말을 듣지 않는 사람은 구제 불능한 사람이다. 비상한 머리를 지니고 있는 사람도 터놓고 이야기할 수 있는 사람이 필요하다. 통치자도 다른 사람에게 기대는 법을 배워야 한다.

그런데 원래 타고난 성정 때문에 절대로 타인에게 도움을 구하지 않는 사람이 있다. 아무도 감히 그에게 도움의 손길을 내밀지 않기 때문에 결국에는 파멸한다. 가장 높은 사람도 우정이 들어올 수 있도록 마음의 문을 열어놓아야 한다. 나중에 이 문은 도움을 요청할 수 있는 문이 된다.

친구라면 마음껏 조언해 줄 수 있어야 하며 호되게 꾸짖을 수도 있어야 한다. 신뢰가 형성된 친구끼리는 편하게 조언을 주고받을 수 있다. 모든 사람에게 친구 사이에서 보여줄 법한 존경이나 신뢰를 표현할 필요는 없다. 하지만 자신의 실수를 바로잡아 줄 진실한 거울과 같은 친구를 만들고, 그런 친구가 있음에 감사해야 한다.

대화의 기술을
연마하라

대화를 통해 사람의 본모습을 볼 수 있다. 아무리 사소한 대화라도 말만큼 주의해야 할 것이 없다. 말로 많은 것을 얻을 수도, 잃을 수도 있다는 사실을 기억하라. 편지를 쓸 때도 신중해야 하는데 하물며 빠른 재치가 필요한 대화에는 얼마나 더 신중해야 하겠는가?

전문가는 말에서 영혼의 맥을 파악할 수 있다. 그런 이유로 현자는 "말씀하시오. 내가 당신을 알 수 있게"라고 말하며 상대방의 말을 유도한다. 어떤 사람은 대화에는 기술이 필요 없으며, 대신 의복처럼 깔끔하고 천박하지 않기만 하면 된다고 생각한다. 친구끼리 대화에서는 이런 방식도 괜찮다. 하지만 존경을 보여야 할 대상과 이야기하는 경우에는 더 품위를 갖춰 대화해야 한다.

그러기 위해서는 상대의 생각과 어조에 맞출 수 있어야 한다. 그리고 상대의 말을 조목조목 따지지 말아야 한다. 지나치게 규칙에 얽매인 사람처럼 여겨질 수 있기 때문이다. 또 상대방의 아이디어를 가로채지 마라. 그러면 사람들이 당신을 피하거나 자신의 아이디어에 대한 값을 요구할 것이다. 대화에서 중요한 것은 화려한 언변이 아니라 신중함이다.

비난을 막아야
할 때도 있다

나쁜 일을 다른 사람에게 미룰 줄도 알아야 한다. 통치자의 중요한 능력 중 하나가 비난을 막아 줄 방패를 마련하는 것이다. 이 방패의 목적은 통치자의 무능력을 증명하는 게 아니라 대중의 증오와 비난을 다른 사람이 대신받도록 하는 데 있다. 세상 모든 일이 다 잘 풀리지도 않으며 모든 사람을 다 만족시킬 수도 없다. 자존심을 대가로 치르더라도 후일을 위해 희생양을 곁에 두는 것도 괜찮다.

제값을
받는 법을 배워라

가치만 뛰어난 물건은 사람들이 알아주지 않는다. 모든 사람이 껍질 속 알맹이는 제대로 보려 하지 않기 때문이다. 대부분은 다른 사람이 가는 대로 따라가고 판단한다. 입소문을 내기 위해서는 때때로 대상을 잘 포장할 줄도 알아야 한다. 눈에 띄는 이름을 부여하여 선전하면 욕망을 자극할 수 있다. 대상의 품격을 상승시키는 데 아주 효과적인 방법이다. 대신 가식이 없어야 한다. 또 그 물건이 안목 있는 사람에게만 제공되는 것이라고 말하면 사람을 유인할 수 있다. 대부분의 사람은 자신을 안목 있는 사람이라 여기기 때문이다. 스스로 안목이 부족하다고 여기는 사람에게 사용해도 괜찮은 방법인데, 그 사람이 품은 결핍을 자극하기 때문이다. 그러므로 대상에 흔한 이름을 짓지 마라. 사람들의 시선을 끌지 못하기 때문에 가치만 낮아진다. 사람은 자신의 취향과 지적 욕망을 자극하는 특별한 것에 끌리기 마련이다.

많은 사람이 자신이 모른다는 사실조차 모를 뿐 아니라
아무것도 모르면서 안다고 착각한다.
지성을 쌓는 일에 실패하면
나중에 교정 불가능한 상태에 이른다.

내일 일을
오늘 미리 생각하라

며칠 날 이후의 일도 미리 생각하라. 통찰하는 사람은 문제가 생기기 전에 미리 결정해 놓는다. 앞날을 미리 대비하는 사람에게 불운이란 없다. 진창에 빠져 오물이 턱 밑까지 차오를 정도가 될 때까지 생각을 미루면 안 된다. 깊은 성찰을 통해 매우 힘든 일도 극복할 수 있다. 베개는 조용한 예언자다. 정신이 흐릿하더라도 미리 생각하는 습관은 맑은 정신으로 나중에 생각하는 것보다 훨씬 낫다.

많은 사람이 먼저 행동하고 나중에 생각한다. 즉 결과보다는 변명거리를 더 많이 생각한다는 말이다. 일이 벌어진 후에도 생각하지 않는 사람이 있다. 인생은 어떻게 하면 옳은 길에서 벗어나지 않을지 고민하는 과정이 되어야 한다. 자신을 반추하고 미래의 일을 미리 고민하는 과정을 통해 운명을 바꿀 수 있다.

당신에게 그늘을 드리우는
동료는 멀리하라

어떤 동료로 인해 당신이 돋보이지 않는다면 그는 바람직한 동료가 아니다. 만약 그 동료가 능력까지 훌륭하다면 당신은 뒷전으로 밀려날 수밖에 없다. 설령 이런 동료에게 배려받는다고 해도 그것은 그가 이미 취하고 남긴 것을 받는 것일 뿐이다. 달은 별 사이에서는 빛나지만 태양 앞에서는 빛나지 않는다. 빛나지 못하는 자리에서 벗어나 빛날 수 있는 자리로 가라.

그렇다고 악한 사람과 어울리며 자신을 위태롭게 만들라는 말은 아니다. 이런 행동은 자신이 손해 보면서까지 다른 이를 추켜세우는 행동만큼이나 어리석다. 오르막길에 있을 때는 유능한 사람과 어울리고, 정상에 올랐을 때는 평범한 사람과 어울려라.

빈자리를 채울 때는
더 많은 노력이 필요하다

빈자리가 두드러지는 곳에 들어가 일할 때는 몇 배의 노력이 필요하다. 여의찮다면 당신은 전임자를 능가해야 할 수도 있다. 이때 단순히 전임자를 따라잡는 데도 두 배의 노력이 필요하다. 당신의 후임자가 형편없어서 전에 일하던 직장이 당신을 다시 찾는다면 당신은 능력자라는 뜻이다.

지금 일하는 곳에서는 전임자를 능가할 수 있어야 진짜 능력자라는 소리를 듣게 될 것이다. 빈자리를 메우는 일이란 여간 어려운 게 아니다. 항상 과거가 최선이 되기 때문이다. 전임자와 동등해지는 것만으로는 부족하다. 사람들은 항상 전임자를 먼저 떠올리기 때문이다. 그러므로 지금 직장에서 전임자가 차지하는 지분을 줄이려면 자신의 입지를 공고히 하고, 스스로 가치를 증명해내야 한다.

쉽게 믿거나
쉽게 좋아하지 마라

성숙한 사람은 시간을 두고 천천히 신뢰를 쌓는다. 거짓이 흔한 곳에서는 쉽게 믿음을 쌓지 마라. 귀가 얇으면 그만큼 쉽게 모욕받는다. 그렇다고 해서 타인의 선의에 대한 의심을 직접 드러낼 필요는 없다. 그렇게 하면 상대방의 말을 믿지 않는다는 뜻이 되기에, 상대방이 무례함과 모욕을 느낄 수 있다. 하지만 의심이 많은 것은 거짓말쟁이의 특징이라는 점도 함께 기억하라. 보통 거짓말쟁이가 잘 믿지도, 신뢰받지도 못하는 고통을 겪는다. 따라서 듣는 이는 신중하게 듣되 의심을 드러내지 말고, 말하는 이는 정보의 출처를 밝힐 수 있어야 한다.

쉽게 좋아하거나 믿는 것만큼 경솔한 행동도 없다는 사실을 기억하라. 거짓은 말뿐만 아니라 행동에서도 드러나므로 쉽게 속아 넘어가 삶을 위험에 빠뜨리지 말아야 한다.

화를 낼 때도
기술이 필요하다

신중하게 자신을 반추하고 억지를 부리지 마라. 진짜 신중한 사람에게 이는 그렇게 어려운 일이 아니다. 화가 날 때는 먼저 자신의 감정 상태를 알아채야 한다. '화'라는 감정을 인지하면 내적 갈등이 시작되고 곧 감정을 조절하기 시작한다. 딱 필요한 만큼만 화를 내고 더 이상은 내지 말아야 한다. 화를 지혜롭게 낼 수도 있어야 하고 잘 빠져나올 수도 있어야 한다. 이것이 으뜸 기술이다.

서둘러 달릴 때 멈추는 것이 제일 어려운 법이다. 냉정함을 유지하면서 화를 낼 수 있는 사람은 지혜로운 사람이다. 화가 과하면 이성적인 행동을 할 수 없다. 하지만 능수능란하게 화를 다스리면 이성의 한계를 넘지 않는다. 또 양심을 거스르지 않을 수 있다. 화를 다스리기 위해 '주의'라는 고삐를 단단히 쥐고 있어야 한다. 그러면 '분노'라는 말을 타고도 지혜로울 수 있는 사람이 될 것이다.

친구는
신중히 선택하라

사람은 경험과 운명이라는 시험을 통과해야 친구관계에
서 분별력을 갖출 수 있다. 친구관계에서 애정만 필요한
게 아니라 분별력도 중요한 요소이기 때문이다. 친구관
계는 삶에서 가장 중요하지만, 가장 소홀히 여겨지는 부
분이기도 하다. 그래서 많은 사람이 신중하게 친구를 사
귀지 않고 우연에 기대어 사귄다.

모름지기 사람은 친구를 보면 알 수 있다. 지혜로운 사람
과 어리석은 사람은 공통분모가 없어 친구가 되기 힘들
다. 즐겁게 지내는 사이가 되더라도 친한 친구 사이로 발
전하지는 않는다. 우정보다는 단순히 즐기기 위한 사이
일 수 있다. 바람직한 우정도 있지만 통념에 어긋나는 우
정도 있다. 전자는 풍부한 영감을 주지만, 후자는 단순
쾌락을 위한 것이다. 많은 사람이 사람을 보지 않고, 조
건이나 환경을 보고 친구를 사귄다. 하지만 진정한 친구
사이는 서로를 깊게 통찰하기 때문에 언제나 유익하다.
그러므로 친구를 고를 때는 우연에 기대지 말고 신중히
선택하여 골라라. 지혜로운 친구가 있으면 근심이 물러
가고, 어리석은 친구는 근심을 달고 온다. 하지만 친구에
게 너무 많은 행운을 빌어주지는 마라. 행운도 지나치면
친구를 잃기 쉽다.

사람을 잘못 이해하는
실수를 범하지 말라

사람에 대해 착각하는 실수가 최악이자 가장 흔한 실수다. 우리는 흔히 물건을 고를 때 잘 모르겠으면 가격을 본다. 하지만 사람을 아는 것은 물건을 아는 것과 다르다. 사람을 다룰 때는 특히 속 안을 잘 들여다볼 수 있어야 한다. 사람의 감정과 특성을 깊이 이해하는 것만큼 심오한 철학이 없다. 책을 읽듯이 깊이 있게 공부해야 하는 존재가 사람이다.

친구를
잘 사귀어라

이때 신중함이라는 기술이 필수다. 친구와 떨어져 있어야 좋은 때가 있고, 가까이 있어야 좋을 때가 있다. 평소에는 대화도 잘 안 하다가도 떨어져 있으면 시시콜콜 자신의 안부를 전한다. 친구는 멀리 떨어져 있으면 그립고, 참을 수 없던 단점도 기억나지 않는다. 그만큼 친구는 단순한 즐거움 이상의 가치가 있다. 좋은 친구의 세 가지 자질은 화합, 선함, 진실이다.

친구가 전부다. 그러나 좋은 친구가 될 만한 사람은 적다. 어떻게 친구를 골라야 하는지 잘 모르는 사람이 많다. 하지만 친구를 사귀는 것보다 친구관계를 유지하는 게 더 중요하다.

오래 유지할 수 있는 친구를 골라라. 같이 늙어가면서 위로받을 수 있는 친구를 사귀어라. 물론 검증도 필요하긴 하지만, 긴 시간 동안 무르익은 관계가 최고의 친구를 만든다. 친구 없는 삶은 사막과 같다. 우정은 인생의 선함을 배가시키고, 악함은 줄여준다. 친구란 불운을 치료하는 유일한 치료제이자 영혼의 통로이다.

어리석음을
참고 견뎌라

보통 똑똑한 사람일수록 많은 지혜의 양식을 쌓았기에 어리석음을 견디지 못한다. 지식이 많으면 기준이 높아져 쉽게 만족하지 않는다. 그리스의 철학자 에픽테토스는 인생의 으뜸 법칙을 '인내'라고 말했다. 그는 지혜의 절반을 인내심이라고 표현하기도 했다.

어리석음을 견디기 위해서는 인내심이 많이 필요하다. 제일 의지하는 사람에게 가장 많이 인내해야 한다. 자기 조절이 필요한 이유가 여기에 있다. 평화는 인내에서 나오고 값을 매길 수 없는 행복이 그 안에 있다. 인내심이 없는 사람은 잠시 물러나 자신만의 시간을 갖는 게 좋다. 비록 물러나 있는 순간에도 자신을 견디느라 힘이 들겠지만 말이다.

말은 언제 어디서나
조심해야 한다

말을 조심하라. 특히 다른 사람과 있을 때는 예의를 지켜 말하라. 경쟁자와 있을 때는 더 신중하게 말해야 한다. 말은 더할 수는 있지만 다시 주워 담기는 힘들다. 말할 때는 유언장을 작성할 때처럼 신중히 하라. 말이 적을수록 공격은 줄어든다. 사소한 문제일수록 더 조심히 말해야 한다. 입이 무겁고 신중한 사람에게 신의 은총이 깃들기 마련이다. 입이 가벼운 사람은 머지않아 실패하거나 쓰러진다.

결점을 알면서도
고치지 않으면 불행해진다

자신의 결점을 파악하라. 완벽해 보이는 사람에게도 결점은 있다. 살면서 자신의 결점과 잘 어우러질 때도 있고, 불편해질 때도 있다. 능력이 클수록 결점도 크고 눈에 잘 띈다. 결점이 잘 고쳐지지 않는 이유는 자신의 결점을 잘 몰라서가 아니라 고칠 마음이 없기 때문이다. 자신의 결점을 알면서도 고치지 않는 것은 불행한 일이다. 결점을 즐긴다면 이는 본디 악의가 있다는 뜻이다. 결점을 고칠 수 있는데도 이에 비이성적인 애정을 품는 것은 두 배로 악하다. 이런 행동은 완벽함에 오점을 남긴다. 결점은 그것을 소유한 사람에게는 괜찮을지 몰라도 타인에게는 불쾌한 것이다.

결점에서 벗어나고자 할 때는 용기가 필요하며, 이때 다른 자질의 도움이 필요하다. 사람은 상대방의 결점을 발견하면 그 사람의 자질을 검증하려 든다. 그리고는 결점을 가능한 검게 물들여 상대방의 다른 재능에 그늘을 드리우려 한다.

나의 가치를 깎아내리는
경쟁자를 이기는 법

이런 유형의 사람은 내가 그저 싫어한다고 해서 문제가
해결되지 않는다. 경멸로 끝내는 것이 지혜로운 방법이
며 더 나은 방법은 이런 사람을 정중하게 대하는 것이다.
자신을 비방하는 사람에 대해 좋게 말하는 사람은 칭찬
받아 마땅하다.

하지만 이것보다 더 좋은 방법은 재능으로 이기는 것이
다. 재능으로 이기는 것만큼 통쾌한 복수는 없다. 성공은
적의 숨통을 더 조이는 방법이다. 당신의 영광은 경쟁자
에게 지옥이다. 부러워하는 자는 한번 죽지 않는다. 경쟁
자는 당신이 찬사를 받을 때마다 지옥을 경험하고, 당신
의 명성이 오래갈수록 더 오랫동안 고문받는다. 한 사람
이 끝없는 영광 속에서 살수록 다른 이는 끝없는 고통 속
에서 신음한다. 명성의 나팔 소리가 불멸을 알릴 때 경쟁
자에게는 죽음이 선포된다.

동정심 때문에
불운한 사람과 얽히지 마라

한 사람의 불운은 다른 사람에게 행운이 된다. 불운한 사람이 존재하지 않으면 운 좋은 사람도 존재하지 않기 때문이다. 불운한 사람은 꼭 다른 사람의 동정심을 자극하여 쓸데없는 호의를 베풀게 만든다. 번성할 때는 모두에게 미움받던 사람이 반대로 역경에 빠져 모두의 호의를 사는 일이 발생하기도 한다.

복수심이 하루아침에 동정심으로 바뀔 수도 있다. 하지만 운명이 이렇게 인생의 판을 흔들 때는 주의해야 한다. 불운한 사람과 어울리는 사람은 어디든 있다. 어제 행복하게 높이 날던 사람이 오늘은 비참한 모습으로 불행한 사람의 곁을 지킬 수 있다. 이들은 불운한 사람과 어울리는 이유를 자신이 고귀한 영혼을 지니고 있기 때문이라고 주장하지만, 사실 이는 지혜로운 행동이라고 볼 수 없다.

어떤 일이든 시작하기 전에
먼저 살펴봐라

본격적으로 일을 시작하기 전에 사람의 반응을 먼저 살펴보라. 흙을 날려 바람의 방향을 살피듯, 어떤 일이든 그 상황의 흐름을 먼저 파악해야 한다. 특히 성공 여부를 확신할 수 없거나 다른 사람의 호응도를 알 수 없을 때는 먼저 간을 본 뒤 행동해야 한다. 이렇게 하면 확신이 생기고, 본격적으로 진행할지 완전히 철수할지 결정 내릴 수 있다.

지혜로운 사람은 이런 방식으로 사람의 의도를 시험하여 자기 위치를 먼저 파악한다. 이것은 상황을 알아보거나, 얻고자 하는 것이 있거나, 다스려야 할 위치에 있는 경우 필요한 선견지명이다.

어떤 전쟁이든
명예롭게 치르라

간혹 어쩔 수 없이 전쟁에 휘말릴 때가 있다. 그렇다고 해서 반칙을 자행해서는 안 된다. 인생이란 전쟁터에서는 용기 있는 사람이 칭찬받는다. 사람은 승리하기 위해 싸운다. 승리하는 데에는 힘의 크기도 중요하지만, 방식도 중요하다. 비열한 승리는 영광이 아니라 불명예를 가져다준다. 명예가 있으면 언제나 우위를 차지할 수 있다. 명예로운 사람은 절대로 금지된 무기를 사용하지 않는다. 예를 들어 증오의 감정 때문에 과거의 우정을 이용하지 말아야 한다. 비밀을 이용해서 복수하면 안 된다는 말이다. 아주 미미한 배신도 명예에 오점을 남긴다. 조금이리도 비열한 모습이 보이면 명예로운 사람과 가까워질 수 없다. 고귀한 자와 비열한 자는 서로 멀리 떨어지는 법이다. 용기, 관용, 충성이라는 덕목이 세상에서 자취를 감추더라도 자기 심장에서 그것을 다시 불러낼 수 있다고 자랑할 수 있는 사람이 되어라.

말뿐인 사람과
행동하는 사람을 구별하라

이것은 직장생활을 비롯한 모든 인간관계에 적용해야 할 중요한 법칙이다. 나쁜 행동을 하지 않더라도 나쁜 말을 하면 나쁜 사람이다. 하지만 좋은 말을 하면서 나쁜 행동을 하는 사람은 더 나쁘다. 제아무리 듣기 좋은 말과 예의 있는 행동을 하더라도 속이려는 의도가 있으면 상대방을 진정으로 만족시킬 수 없다. 거울을 이용해 새를 잡을 수는 없다. 말뿐인 허상은 거울과 같이 비현실적인 덫일 뿐이다.

바람 같이 공허한 말에 배부를 사람은 허영에 빠진 사람이다. 노동의 서약을 하듯 진심으로 말을 해야 하고, 전당포에 저당을 잡듯 신뢰 있는 말을 해야 한다. 잎은 있지만 열매가 없는 나무는 속이 없는 나무다. 이런 나무는 그늘을 제공하는 것 외에는 아무런 쓸모가 없다는 사실을 기억하라.

스스로
돕는 자가 되어라

위기가 닥쳤을 때는 용감한 심장을 지닌 사람만큼 훌륭한 동반자가 없다. 만약 용기가 약하면 다른 부분으로 보충할 수 있어야 한다. 자기 자신에 대해 확고한 믿음을 세워야 걱정이 물러간다. 사람은 불운에 항복하면 견딜 수 없게 된다. 위기를 스스로 해결하는 법을 몰라 갑절의 고난을 떠안는 사람이 많다. 따라서 자기 자신을 알고 약점을 극복하는 법을 터득하여 지혜로운 사람이 되어라. 지혜로운 사람은 산도 옮길 만큼 모든 불가능을 이긴다.

어리석은 일에
빠져들지 마라

어리석은 사람이란 허영심이 강하고, 건방지고, 자기중심적이며, 신뢰할 수 없고, 변덕이 심하며, 완고하고, 비현실적인 데다 종잡을 수 없고, 과장된 행동을 하고, 따지기를 좋아하며, 모순적이고, 편을 나누며, 일방적이고 편협한 모든 종류의 사람을 가리킨다. 이들은 모두 무례한 괴물과도 같다. 마음의 기형은 몸의 기형보다 더 추악하다. 불완전한 마음으로는 높은 아름다움을 이룰 수 없다. 이렇게 혼란스러운 마음을 자기 자신이 아니면 누가 바로잡아 줄 수 있겠는가? 자기 절제가 부족하면 다른 이의 도움을 받을 여유가 없는 법이다. 이런 어리석은 사람은 다른 사람의 비판에 귀를 기울이지 않으며 착각으로 만들어낸 찬사로 자기 눈을 가린다.

백 번의 성공보다
한 번의 실패를 더 조심하라

맹렬히 타오르는 태양을 똑바로 바라볼 수 있는 사람은
아무도 없다. 우리는 일식 때에 이르러서야 태양을 볼 수
있다. 일반적인 사람은 무엇이 옳은지가 아니라 무엇이
그른지를 따진다. 악평은 박수갈채보다 더 멀리 전달된
다. 성공이 아닌 실수로 세상에 알려지는 사람이 더 많
다. 사람은 자신이 이룬 모든 업적을 더해도 하나의 흠을
덮어버릴 수 없다. 악의에 찬 사람들이 당신의 성공보다
실패에 더 주목하고 있다는 사실을 기억하라.

무엇이든
비축해 두어라

이는 당신의 가치를 지킬 수 있는 방법이다. 능력과 에너지를 한 번에 소진해 버리면 안 된다. 자원을 두 배로 늘리려면 후방을 두어야 하듯이 지식도 마찬가지다. 믿는 구석이 있어야 패배에 대한 두려움이 덜한 법이다. 공격하려면 비축된 자원이 있어야 하고 용기와 명성은 비축된 자원이 크면 클수록 더 돋보인다. 안전하다는 확신이 있어야 지혜를 발휘할 수 있다. 여기에서 흥미로운 역설은 절반이 전체보다 많다는 것이다. 당신이 가진 능력을 모두 소진하지 말고 어느 정도 비축해 두는 지혜를 발휘하라는 뜻이다.

다른 사람의 선심을
남용하지 마라

중요한 친구는 중요한 때에 그 가치를 발한다. 사소한 일에 친구의 선심을 이용하지 마라. 이는 호의를 낭비하는 일이다. 비상용 닻은 최후의 순간을 위해 남겨두어야 한다. 사소한 일에 중요한 것을 소진하면 나중에는 무엇이 남겠는가? 요즘 같은 세상에는 호의를 베푸는 사람보다 귀중한 것이 없고 그들이 베푸는 호의보다 비싼 것은 없다. 호의로 전 세계를 만들 수도 파괴할 수도 있으며, 의미를 부여할 수도, 회수할 수도 있다. 자연과 명성은 지혜로운 자에게 호의적이지만 행운은 지혜로운 자를 질투한다. 그러므로 재산보다 호의를 베푸는 사람을 지키는 것이 더 중요하다.

잃을 것이 없는 사람과
다투지 마라

이런 사람과 다투는 것은 불공평한 싸움을 시작하는 꼴과 같다. 그 사람은 어차피 모든 것을 잃은 상태인데다, 수치도 남아 있지 않아 아무런 두려움 없이 싸움을 시작한다. 그러므로 온갖 종류의 무례를 범한다. 따라서 이런 위험천만한 일에 귀중한 명성을 걸지 말아야 한다. 그렇지 않으면 오랜 세월 쌓아 놓은 것을 한순간에 잃을 수 있다.

아주 사소한 것이 그동안의 노력을 헛되게 만드는 법이다. 명예와 책임감이 있는 사람은 잃을 것도 많기 때문에 자신의 명성과 남의 명성을 잘 견주어보다 아주 위태로운 순간에만 나선다. 동시에 신중하게 일을 처리하며 제때 물러나 자신의 명성을 보호한다. 승리하더라도 잃은 것을 만회할 수 없다는 사실을 잘 알기 때문이다.

유리처럼 쉽게 부숴질
관계를 맺지 마라

우정의 문제에서는 더욱 그래야 한다. 유리 같은 사람은 쉽게 화를 내고 일관성이 부족하다. 사소한 일에도 자신이 공격받았다고 착각하며 다른 사람에게 악의가 있다고 생각한다. 이런 사람은 실제보다 더 예민하게 받아들이기 때문에 농담이나 진심을 건넬 때 조심해야 한다. 아주 사소한 티끌에도 감정이 상하는데 제 눈의 들보 같은 일에는 얼마나 상하겠는가. 이런 사람과 교제할 때는 사소한 것으로 심기를 건드리지 않도록 아주 섬세하게 대하고 그들의 행동을 유심히 잘 살펴야 한다. 이런 사람은 보통 자기중심적인데다 감정의 노예라서 감정이 상하면 만사를 제칠 수 있고 아주 사소한 일에 집착한다. 반면에 진정으로 다른 사람을 사랑하는 사람은 굳건하고 철석같이 단단한 참을성을 지니고 있다.

즐거움을
서두르지 마라

일의 경중을 구분할 수 있는 사람은 즐길 수 있는 사람이다. 많은 사람이 자기 인생이 흘러가는 속도보다 더 빨리 재산을 탕진한다. 제대로 즐기기도 전에 즐거움이 끝나고 뒤늦게 후회한다. 이들은 자신의 소명을 재촉하여 인생의 속도를 증가시킨다. 인생 전체에 걸쳐 소화할 수 있는 양을 하루 만에 해치우려 한다. 미리 즐기고 세월을 먹어 치우며 서둘러 모든 것을 끝내버린다.

지식을 추구할 때도 서두르지 않고 절제해야 한다. 서두르느니 모르는 편이 낫다. 쾌락의 날들보다 살아갈 날들이 더 많다. 즐거움의 속도는 늦추고 일은 빨리해라. 서둘러 끝낸 즐거움은 후회만 남기기 때문이다.

실속 있는
사람이 되어라

실속 있는 사람은 그렇지 못한 사람에게 만족하지 않는다. 실속 없는 사람은 제아무리 탁월하더라도 한심한 사람에 불과하다. 어떤 사람은 불가능한 생각에 사로잡혀 다른 사람을 기만한다. 또 어떤 사람은 거짓이 실제보다 더 많은 것을 약속하기 때문에 허황된 거짓을 즐긴다. 하지만 이런 사람들은 항상 결과가 좋지 않다.

진리만이 진정한 명성을 가져다준다. 현실에서 이뤄져야 진짜다. 하나의 속임수는 다른 속임수가 필요하다. 공중에 세워진 집은 기초가 없기 때문에 땅으로 추락할 수밖에 없다. 견고하지 않은 것은 오래가지 못한다. 이해할 수 없는 진실은 진실이 아닌 것처럼 감당할 수 없는 약속은 신뢰받지 못한다.

지식을 쌓고 있거나
쌓은 사람을 사귀어라

지성이 없는 사람은 진정한 삶을 영위하기 힘들다. 많은 사람이 자신이 모른다는 사실조차 모를 뿐 아니라 아무것도 모르면서 안다고 착각한다. 지성을 쌓는 일에 실패하면 나중에 교정 불가능한 상태에 이른다. 모르는 사람은 자신에 대해서 모르기 때문에 자신의 부족한 부분을 고치려 들지 않는다.

자신이 지혜롭지 못하다는 사실을 아는 것만으로도 지혜로워질 수 있다. 지혜로운 사람이 드물기도 하지만, 지혜로운 사람에게 조언을 구하는 사람도 거의 없다. 남에게 조언을 구한다고 해서 능력이 부족한 사람이 아니다. 오히려 조언을 구할 수 있다는 것은 신중한 사람이라는 증거다. 실패하고 싶지 않다면 이성을 가지고 조언을 구하라.

교제할 때는
적당한 거리를 유지하라

친숙함을 무기로 사용하지 말고, 그것을 허용하지도 마라. 너무 친숙한 관계가 되면 자신이 쌓은 탁월함을 인정받지도 존경받지도 못한다. 별은 흔하지 않기 때문에 광채가 유지된다. 신성한 것은 절제가 요구된다. 친근함이란 반감을 일으키기 쉬운 것이다. 관계를 맺을 때 자신을 너무 많이 보여주면 그만큼 가치가 더 줄어드는 법이다. 소통하는 과정에서 감추어야 할 결점이 드러나기 때문이다.

적당한 거리를 유지하지 않는 관계는 바람직한 관계가 될 수 없다. 윗사람에게 격의 없이 행동하면 위험하고, 아래 사람에게 무례하게 행동하면 부적절하다. 특히 평범한 사람에게 격의 없이 행동하면 단순한 호의를 권리로 착각한다. 따라서 과한 친숙함은 어리석음에 가깝다는 사실을 기억하라.

자신을
신뢰하라

판단력에 특별한 문제가 없는 이상 마음의 소리를 거부하지 마라. 마음은 예언자의 집이므로 가장 중요한 결정을 해야 할 때는 마음을 따르자. 많은 사람이 자기 신뢰가 없어서 실패했다. 당장 더 효과적인 묘책이 없다면 자기 마음만큼 믿을 만한 것이 어디 있겠는가?

마음을 따르는 것을 두려워하지 말라. 우리는 불운을 경고하고 막아줄 진실한 마음을 타고 났다. 특별히 문제를 뿌리 뽑을 생각이 없다면, 문제만 바라보지 말고 진실한 마음의 소리에 귀기울여라.

침묵은
지혜를 보호한다

비밀이 없는 마음은 공개된 편지와 같다. 중요한 물건을 안전한 장소에 숨겨두듯 비밀로 남겨야 할 일은 기초가 단단하고 깊숙한 곳에 묻어두어야 하는 법이다. 침묵은 자기 절제에서 비롯하며 말을 잘 통제하는 사람이 진정한 승리를 얻는다. 사람은 자신이 하는 모든 말에 값을 치러야 한다. 내면을 절제하면 지혜를 보호할 수 있다. 하지만 다른 사람이 자세히 따져 묻거나 비밀을 캐기 위해 모순된 질문이나 반어법으로 공격할 경우 조심해야 한다. 침묵이 깨질 위험이 있기 때문이다. 이런 경우를 피하기 위해 지혜로운 사람은 더 말조심을 한다. 꼭 해야 할 일은 말로 하지 말고, 꼭 말로 해야 할 일은 행동으로 하지 말라.

타인의 길을
따르지 마라

어리석은 사람은 지혜의 길을 따라가지 않는다. 올바른
수단을 사용하지 않기 때문이다. 마찬가지로 분별력 있
는 사람은 다른 사람이 세운 계획을 따라하지 않는다. 이
들은 문제를 논의할 때 모든 측면을 고려하여 판단한다.
판단력은 사람에 따라 다 다르다. 아직 결정을 내리지 못
한 사람이라면 그럴싸해 보이는 일보다 가능성 있는 일
에 더 집중하는 게 낫다.

쉬운 일을 어려운 일처럼 하고,
어려운 일은 쉬운 일처럼 하라.
전자처럼 하면 신뢰를 얻고,
후자처럼 하면 자신감을 얻는다.

진실은 가장
조심히 다뤄야 한다

진실이라 해서 모두 밝힐 필요는 없다. 진실만큼 조심히 다뤄야 할 것도 없기 때문이다. 진실은 양날의 검과 같아서 심장을 도려낼 수도 있다. 진실을 말하는 것만큼이나 감추는 것도 중요하다. 그렇다고 거짓을 말하지는 마라. 사소한 거짓말 하나가 이때까지 쌓은 명성을 모두 무너뜨릴 수 있다. 거짓보다 더 나쁜 속임수는 배신이다. 그렇다고 해도 진실을 모두 밝혀서는 안 된다. 자기 자신이나 남을 지키기 위해서 밝히지 말아야 할 진실도 있기 때문이다.

모든 일은 자신감
하나면 충분하다

이는 아주 중요한 지혜다. 다른 사람을 제대로 알기도 전
에 과대평가하면 좀처럼 다가설 수 없어진다. 따라서 다
른 사람을 평가할 때도 절제할 줄 알아야 한다. 상상이
감정을 대체해서는 안 된다.

인간이라면 누구나 한계와 단점이 있다. 위대해 보이던
사람도 개인적으로 알게 되면 쉽게 실망할 만한 단점을
지니고 있다. 권위는 지위에 부여되는 것이지 개인에게
부여되는 게 아니다. 권위 있는 사람치고 단점이 없는 사
람은 없다. 운의 법칙이다. 그렇기 때문에 다른 사람의
능력이나 됨됨이를 실제보다 더 부풀려서 가늠하지 마
라. 상황을 있는 그대로 보지 않고 자신이 보고 싶은 대
로 보거나 상상에 맡기지 말라는 뜻이다. 실체를 보지 못
하고 상상에 맡기면 부풀려지기 마련이다. 경험이 있으
면 부풀려진 상상을 바로 잡을 수 있다. 너무 소심해서
지혜를 발휘하지 못하거나 너무 성급해서 어리석은 사
람이 되지 마라. 자신감은 무지한 사람도 일으키는데 하
물며 용감하고 지혜로운 사람은 어떠하겠는가?

완고한 사람이
되지 마라

어리석은 사람은 모든 일을 지나치게 확신하는 사람이다. 또 완전히 설득당하는 사람도 어리석은 사람이다. 어리석은 사람은 잘못된 판단일수록 더 완고하게 주장한다. 확신이 강한 상황에서도 한 발짝 물러설 수 있어야 한다. 이성적인 판단은 다른 사람이 더 쉽게 알아보는 법이라서 겸손하게 물러서면 나중에 더 인정받을 수 있다. 완고한 사람은 진실이 아니라 무례함을 옹호하기 때문에 더 많이 잃는다. 이런 사람은 능력으로 얻은 것보다 고집을 부려 잃는 게 더 많다. 가끔 아예 고개를 숙이지 않을 정도로 완고한 사람이 있다. 고집에 변덕이 더해지면 감당하지 못할 만큼 어리석은 결과를 낳는다. 견고해야 할 것은 판단력이 아니라 의지다. 판단할 때는 융통성이 있어야 한다. 판단력과 실행력에 자신의 한계를 쉽게 인정하는 사람은 갑절의 실패를 피할 수 있다.

지나친 격식은
피하라

지나치게 격식을 따지면 왕이라도 괴상한 사람으로 취급받는다. 어리석은 사람은 아예 격식이라는 옷을 입고, 자기 스스로 만들어낸 위엄을 숭배한다. 그리고 아주 사소한 것에도 자신의 위엄이 무너질까 봐 두려워하며, 이것이 얼마나 부질없는 짓인지를 스스로 증명한다. 존경받고 싶은 마음은 괜찮지만 그렇다고 격식만을 좇는 사람이 되어서는 안 된다. 격식 없이도 살 정도가 되려면 뛰어난 자질을 소유해야 한다. 그렇다고 너무 예의가 없어서는 안 되고, 예의 있는 척 과장해서도 안 된다. 무엇보다 이런 의미 없는 일에 얽매이는 사람은 위대한 사람이 될 수 없다.

순간을 위해
자신의 모든 신용을 걸지 마라

실패라도 한다면 그 피해는 되돌릴 수 없다. 사람은 누구나 한 번은 실패한다. 특히 그 일이 처음이라면 더욱 쉽게 실패한다. 환경이란 항상 호락호락하지 않기 때문이다. 쥐구멍에도 볕 들 날이 있다는 말이 괜히 생겨난 게 아니다.

다시 도전할 때는 과거의 경험을 바탕으로 삼아야 한다. 과거의 경험이 성공이든 실패든 상관없이 경험은 언제나 큰 도움이 된다. 항상 더 나은 방법을 강구하고 더 많은 자원을 확보하도록 노력하라. 하지만 많은 일들이 우연에 의존한다는 사실도 인정하라. 성공에 대한 만족감이 낮은 이유가 여기에 있다.

악함은 어떻게도
숨길 수 없다

자신의 위치와는 상관없이 자신의 결점이 무엇인지 파악해야 한다. 아무리 비단옷을 걸치고 왕관을 쓰고 있다고 할지라도 그가 악한 사람이라면 고결한 사람은 이를 알아볼 수 있다. 악한 모습은 언제나 드러나기 마련이다. 아무리 높은 자리에 있다고 해도 악은 천하다. 많은 사람이 위대한 사람의 결점을 알아채지만, 그것으로 위대한 사람의 위치를 부정하지는 못한다. 높은 위치는 그럴싸한 허울을 덧입히기 때문에 악한 모습을 가리기도 한다. 게다가 아첨에 현혹된 높은 위치의 사람은 자신이 감춘 악함이 낮은 위치에서 혐오받는다는 사실을 눈치채지 못 한다.

기쁜 일은 스스로 하고,
불쾌한 일은 남을 통해서 하라

전자는 호감을 얻을 수 있고, 후자는 증오를 피할 수 있
다. 위대한 사람은 호의를 받기보다 베풀어 기쁨을 얻는
다. 이것이야말로 관대한 성품의 특권이다. 다른 사람에
게 직접 고통을 주는 사람은 동정심이나 연민 때문에 고
통받는다. 높은 위치에서는 보상이나 처벌에 따라 일을
처리한다. 보상은 자신이 주고, 처벌은 다른 사람을 시켜
라. 불만, 증오, 비방을 대신 받아줄 사람을 곁에 두어라.
대중의 분노는 들개와 같아서 그 분노의 원인 제공자가
아닌 채찍을 물어뜯는다. 진짜 범인이 아닌데도 손해는
채찍이 본다.

칭찬하는
사람이 되어라

칭찬은 안목에 대한 신뢰를 높여준다. 칭찬이란 자신이 훌륭한 것을 알아보고 칭찬할 줄 아는 교양 있는 사람이라는 사실을 알려주는 행동이다. 칭찬은 대화거리를 제공하고, 다른 사람도 따라하게 만들며, 칭찬할 만한 행동을 다시 낳는다.

칭찬은 훌륭한 사람에게 세심한 방식으로 경의를 표하는 행위다. 하지만 세상에는 반대로 행동하는 사람이 많다. 이런 사람은 말할 때 그 자리에 없는 사람에 대해 험담하며 비웃는다. 그것이 험담을 듣는 상대방을 기분 좋게 한다고 착각한다. 험담을 일삼는 사람은 다른 사람에 대해 나쁘게 말하는 게 얼마나 간사한 짓인지 알지 못하는 사람, 즉 생각이 짧은 사람과 잘 통한다. 또 어떤 사람은 과거의 뛰어난 업적보다는 현재의 대단치 않은 일에 집중하게 만들어 칭찬 대상을 교묘하게 평가절하한다. 이렇듯 아주 섬세한 부분까지 꿰뚫어 보고, 너무 과장하는 말 때문에 실망하거나 아첨하는 말 때문에 우쭐해지지 않도록 하자. 과장과 아첨은 방식만 다를 뿐 같은 말이라는 사실을 기억하라.

다른 사람의
결핍을 이용하라

결핍의 크기가 클수록 더 쉽게 이용할 수 있다. 철학자들은 결핍이란 없다고 말하고, 정치인은 결핍이 모든 것이라고 말했는데, 정치인의 말이 사실상 맞는 말이다. 많은 사람이 타인의 결핍으로 만든 사다리를 타고 올라가 목적을 달성한다. 그리고 기회다 싶으면 만족은 어려운 것이라고 말하며 더 안달하게 만든다. 결핍으로 인한 욕망의 에너지는 실제로 소유해서 얻는 만족의 에너지보다 훨씬 크다. 욕망의 정념은 그 반대가 증가할수록 더 늘어난다. 타인의 욕망을 충족시켜 주면서 의존하게 만드는 데에는 아주 세심한 능력이 필요하다.

모든 것에서
위안을 얻어라

미천한 자도 불멸의 존재를 꿈꾸며 위안을 얻을 수 있다. 보상 없는 고통이란 없다. 어리석은 사람도 행운아로 여겨질 수 있고, 외모가 부족한 사람에게 운이 따라준다는 말도 있다. 거창하지 않게 살아야 부족하더라도 오래 살 수 있다. 금이 살짝 간 유리잔이 더 오래가는 법이다.

행운은 위대한 자를 질투한다. 쓸모없는 자에게 긴 생을 허락하고, 중요한 사람에게는 오히려 짧은 생을 허락하여 균형을 이룬다. 비중이 있는 자는 슬픔에 빨리 빠지지만, 비중이 없는 사람은 별 탈 없이 계속해서 삶을 이어간다. 불운한 사람은 죽음과 행운 모두가 자신을 잊었다고 생각할 정도로 가늘고 길게 산다.

지나친 공손함은
거짓이다

공손의 대가는 일종의 사기다. 어떤 이들에게는 사람을 현혹하기 위한 마법의 약초가 필요하지 않다. 그들은 공손함만으로도 어리석은 사람을 충분히 현혹할 수 있기 때문이다. 이런 사람은 우아함과 아름다움이 넘치는 말씨로 값을 치른다. 모든 것을 약속하는 것은 아무것도 약속하지 않는 것과 같다. 약속은 어리석은 사람을 유혹하는 함정이다.

진정한 예의는 행함에 있다. 그럴싸해 보이거나 불필요한 예의는 사기다. 지나친 공손함은 존경에서 비롯하지 않고 상대방을 장악하려는 수단일 뿐이다. 이런 사람은 사람에게 순종하지 않고 수단에 순종한다. 또 진짜로 뛰어난 부분은 칭찬하지 않고, 자신이 바라는 대가를 쉽게 얻을 수 있는 부분만 골라 칭찬한다.

평화로운 삶이
오래간다

살기 위해서는 물 흐르듯 살아야 한다. 평화를 이루는 사람은 삶을 주도한다. 듣고, 보면서도 침묵해야 한다. 낮에 분쟁이 없어야 밤에 깊은 잠을 잘 수 있다. 길고 즐거운 삶은 두 번 주어진 인생과 같으며 평화로운 삶의 열매다. 사소한 일을 사소하게 지나칠 수 있는 사람이 모든 것을 가진 사람이다. 모든 일을 마음에 담아두는 것만큼 고집스러운 일도 없다. 중요한 일은 마음에 담아두지 않으면서, 중요하지 않은 일로 마음을 괴롭히는 것이야말로 어리석은 짓이다.

자신을 위해
타인을 이용하는 사람을 피하라

자신의 목적을 이루기 위해 다른 사람을 이용하는 사람
을 주의하라. 신중함은 교활한 사람으로부터 자신을 지
킬 수 있는 유일한 방법이다. 교활한 사람의 의도에 집중
하라. 이런 사람은 자신의 목적을 위해 다른 사람을 이용
한다. 만약 이들의 동기를 알아차릴 수 있는 열쇠를 소
유하지 않으면 이들이 당신을 해칠 순간이 오고야 말 것
이다.

자신과 자신의 일을
객관적으로 보라

특히 경력 초반에는 자기 자신과 일에 대해 이성적으로 생각해야 한다. 모든 사람이 자기 자신에게는 관대하다. 행운을 꿈꾸며 자기 자신을 경이로운 존재라 여긴다. 헛된 희망은 이룰 수 없는 약속을 한다. 헛된 희망은 현실 앞에 무너져 내리는 어리석은 환상 놀음이나 다를 바 없다.

하지만 지혜로운 사람은 이런 실수를 예상한다. 언제나 최선의 것을 희망하지만, 동시에 최악의 상황을 예상하여 평정심을 유지하려 한다. 목표를 이루기 위해 높은 목표를 세우는 것은 현명한 일이다. 하지만 초반부터 너무 높은 목표를 세우면 실패하기 쉽다. 경험이 없는데도 너무 높은 목표를 가지면 나중에 긴급을 수 없어진다.

어리석음에 대항하는 최고의 만병통치약은 신중함이다. 자신의 진짜 위치와 활동 반경의 폭을 헤아릴 수 있어야 실제와 이상 사이 간격을 메울 수 있다.

타인의
장점을 발견하라

안목을 키워라. 모든 사람은 누구에게든 선생이 될 수 있다. 그리고 홀로 뛰어난 사람도 없다. 그렇기에 다른 사람을 활용할 줄 아는 지식이 유용하다. 지혜로운 사람은 각 사람의 장점을 볼 수 있고, 그 장점을 갖기 위해 얼마나 힘든 과정을 겪었는지 가늠할 수 있다. 어리석은 사람은 다른 사람의 가치를 깎아내리고, 선한 사람을 알아보지 못하며, 악한 사람을 선택한다.

행운의
때를 알라

모두에게는 자신만의 운명의 별이 하나씩 있다. 자신의
별을 몰라보는 사람은 불운에 빠진다. 그저 운 좋게 권력
자의 호의를 얻어 높은 위치에 쉽게 오르는 사람이 있다.
이런 사람은 특별한 이유 없이 그저 운명이 허락했기 때
문에 큰 힘을 들이지 않고도 자신의 위치를 잘 유지한다.
그런가 하면 지혜로운 사람으로부터 호의를 얻는 사람
도 있다. 또 자신의 고향이 아닌 다른 곳에서 더 나은 대
접과 환영을 받는 사람도 있다. 정작 자신의 능력이나 자
질에는 변화가 없는데도, 다른 직장이나 장소에 갔을 때
더 많은 행운이 찾아올 때도 있다.

행운의 여신은 방법과 때를 가르쳐 주지 않는다. 따라서
사람은 자신의 재능뿐만 아니라 자신의 운 때를 알아야
한다. 운에 따라 많은 것을 잃기도 하고 얻기도 하기 때
문이다. 다른 별과 혼동하지 않도록 주의하면서 당신을
이끄는 운명의 별을 따라가라. 다른 별을 따라가면 아무
리 큰소리로 경고해도 알아채지 못하고 잘못된 길로 들
어서기 쉽기 때문이다.

당신의 등에
어리석은 사람을 태우지 마라

어리석은 사람을 알아보지 못하는 사람도 어리석지만, 알면서도 피하지 못하는 사람은 더 어리석다. 사람 보는 눈이 없는 사람과 동행하면 위험에 빠질 뿐 아니라 파멸을 자초한다. 제아무리 주의를 기울인다고 해도 결국은 어리석은 행동을 하게 된다. 이런 어리석은 행동이 오랜 시간 억눌려온 행동이라면 더 위험하다. 이렇게 신용이 없는 사람은 다른 사람을 도울 수 없다. 이런 사람은 인과응보와 복수의 여신인 네메시스의 저주가 따르고, 이런저런 송사에 휘말려 결국에는 대가를 치를 수밖에 없다.

어리석은 사람을 알아보지 못하는 사람에게 좋은 점이 한 가지 있기는 있다. 그것은 바로 불운을 피하려는 다른 이에게 그들 자체가 경고문이자 본보기가 된다는 점이다.

새로운 터에
뿌리내릴 줄도 알아야 한다.

당신의 가치를 알아봐주는 곳이 먼 곳에 있을 수 있다. 고향은 오히려 당신의 재능을 꽃피우기에 부적절한 곳일 수 있다. 당신을 잘 아는 사람이 많은 곳에서는 당신이 이룬 업적보다 과거가 기억된다. 따라서 시기심이 쉽게 불붙을 수 있다.

이런 이유로 다른 곳에 가면 더 인정받을 수 있다. 멀리서 온 유리 조각 하나가 다이아몬드의 가치를 뛰어넘을 수 있다. 이국적인 것이 존경받는 이유 중 하나는 먼 곳에서 왔기 때문이고, 다른 하나는 이미 완성된 상태에서 나타나기 때문이다. 한때 자신의 고향에서 웃음거리였던 사람이 선 세계 사람에게 찬사를 받는 사람이 될 수 있다. 이런 사람이 타지인에게 칭찬받으면 먼 곳에서 왔기 때문이고, 고향 사람에게까지 칭찬받는다면 그것은 단지 멀리 떨어져 있기 때문이다. 신전의 재단 위에 세워진 조각이 정원의 나무줄기로 만들어졌다는 사실을 아는 사람은 그 조각을 경외할 수 없는 법이다.

진정한 실력으로
인정받아라

실력을 통해야만 진정으로 존경받을 수 있지만, 여기에
성실함까지 더해지면 더 빨리 성공할 수 있다. 성품만으
로는 부족한 게 사실이다. 제대로 실력을 쌓지 않은 상태
에서 억지 노력을 부리면 오히려 명성에 흠집만 남기게
된다. 진정한 성공의 길은 억지로 인정받으려고 하는 모
습과 위대한 업적을 남기려는 모습 사이에서 중도를 지
키며 실력을 쌓는 것이다.

모든 바람이
이루어지기를 바라지 마라

당신이 품은 소원이 모두 이루어지면 행복하기에 불행
해진다. 몸은 숨을 쉬어야 하고, 영혼은 열망해야 한다.
모든 것을 소유하면 머지않아 환멸과 불만에 빠지게 된
다. 지식을 쌓을 때도 채워야 할 지식 한 가지쯤은 남겨
두어야 호기심과 희망을 유지할 수 있다. 과도한 행복은
오히려 독약이 된다. 도움을 줄 때도 상대방을 완전히 만
족시켜서는 안 된다. 바라는 게 아무것도 남지 않으면 그
때부터는 행복한데도 행복하지 않은 아이러니가 발생한
다. 또 모든 것이 완벽하게 이루어지면 오히려 두려움이
잉태된다.

어리석지 않다는
착각에서 벗어나라

세상은 어리석은 사람으로 가득하다. 신과 비교하면 지혜로운 자도 어리석은 자일뿐이다. 그중 가장 어리석은 사람은 자신을 제외한 모두가 어리석다고 생각하는 사람이다. 지혜로운 자는 그저 지혜로워 보이기만 해서 되는 게 아니다. 특히 자기 자신을 지혜롭다고 착각하면 안된다. 아무것도 모른다고 생각하는 사람이 진짜 아는 사람이고, 다른 사람이 보는 것을 보지 못하면 진짜 모르는 사람이다. 온 세상이 어리석은 자로 가득하지만 정작 자신이 어리석다고 생각하는 사람은 드물고, 이 사실에 대해 의심해 보는 사람도 거의 없다.

말과 행동으로
복덕을 완성하라

사람은 모름지기 지혜롭게 말하고, 명예롭게 행동해야 한다. 말은 지성의 표식이요, 행동은 심장의 표식이다. 그리고 이 모든 것은 고귀한 심성에서 비롯된다. 말은 행동의 그늘이다. 명성을 전하는 사람보다 명성 있는 사람이 되는 것이 훨씬 중요하다. 말은 쉽지만 행동은 어렵다. 행동이 삶에서 가장 중요한 것이고, 말은 삶의 장식품에 불과하다. 훌륭한 행동은 오래가지만 말은 제아무리 훌륭해도 곧 사라진다. 행동은 생각의 열매이며 지혜로운 생각에 건실한 행동이라는 열매가 맺힌다.

동시대의 위대한
사람에게서 배우라

배움을 얻을 만큼 완벽한 사람은 그 수가 많지 않다. 수 세기 동안 불세출의 영웅, 위대한 장군, 완벽한 웅변가, 진정한 철학자, 걸출한 왕이라 불리는 사람은 거의 없었다. 평범한 사람은 수가 많고, 모든 방면에 특출한 영웅의 수는 적다. 완벽함을 이루는 일이 몹시 어렵고, 지위가 높으면 높을수록 특출하기가 더 어려워지기 때문이다.

많은 사람이 카이사르나 알렉산더 대왕과 같이 '영웅'으로 불리기를 갈망하지만 헛된 일이다. 위대한 행동이 따르지 않는 이름은 그저 한낱 바람에 불과하다. 위대한 철학자 세네카와 같이 언행이 일치하는 현자는 거의 없었고, 아펠레스(고대 그리스의 화가_옮긴이) 같이 완벽한 예술가는 단 한 명뿐이었다.

쉬운 일은 어렵게,
어려운 일은 쉽게 하라

쉬운 일을 어려운 일처럼 하고, 어려운 일은 쉬운 일처럼 하라. 전자처럼 하면 신뢰를 얻고, 후자처럼 하면 자신감을 얻는다. 일을 끝내지 못했을 때는 다 끝나간다고 생각하는 게 좋다. 무엇보다 참을성 있게 노력하면 불가능도 극복한다는 사실을 명심하라. 위대한 일일수록 너무 깊이 생각하지 말아야 한다. 일이 너무 어려워 보이면 쉽게 절망하기 때문이다.

지혜롭게
무시하는 법을 알라

원하는 것을 무시하는 척하면 쉽게 얻을 수 있다. 모두가
갖기를 원하는 것은 가지기 힘들지만 아무도 쳐다보지 않
는 것은 쉽게 가질 수 있다. 세상의 모든 것은 영원의 그
림자다. 이 그림자는 영원의 속성을 공유한다. 영원은 자
신을 좇는 사람으로부터 도망가지만 자신에게서 도망가
는 사람은 끝까지 쫓아간다. 세상일도 마찬가지다. 따라
서 무시가 가장 교묘한 복수 방식이 된다. 지혜로운 사람
은 절대로 자신을 방어할 때 펜을 쓰지 않는다. 펜은 언제
나 흔적을 남기기 마련이며, 공격한 사람에 대한 처벌보
다는 관심이라는 결과를 낳기 때문이다.

평범한 사람은 위대한 사람을 대적하여 악평이라도 얻
으려 꾀를 쓴다. 자신의 능력으로는 절대로 유명해질
수 없기 때문에 위대한 사람의 관심이라도 얻으려는 것
이다.

망각만큼 잔인한 복수도 없다. 그들의 무가치함은 망각
을 통해 묻혀버린다. 따라서 많은 사람이 잊히지 않으려
위험을 무릅쓰고 다른 사람의 호기심을 자극한다. 하지
만 추문에 맞서 싸워 봤자 손해와 불신만 얻을 뿐이다.
이것만큼 적을 기쁘게 하는 일도 없다. 이런 추문의 그림
자가 명성을 없앨 수는 없지만 흠집을 남겨 흐리게 할 수
는 있다.

천박한 사람은
곧 어리석은 사람이다

천박한 습성은 어디에나, 누구에게나 있다. 하지만 보통의 천박함을 압도하는 최악의 사람이 있다. 깨진 유리 조각도 유리의 습성을 지니듯 이런 최악의 사람도 기본적인 면에서는 평범한 사람과 다를 바 없다. 하지만 다른 점이 있다면 이들이 훨씬 더 악독하며, 어리석게 말하고, 무례하게 남을 비난한다는 점이다. 또 이들은 무지의 제자이며, 어리석음의 후원자이자, 추문의 대가이다. 따라서 이들의 말은 주목할 필요도 없고 무슨 생각을 하는지는 더더욱 알 필요가 없다.

이런 사람을 피하기 위해서는 먼저 이들에 대해 아는 것이 중요하나. 어리석음이란 천박함 그 자체이며, 천박한 자의 무리는 어리석은 자로 이루어져 있다는 사실을 기억하라.

중용의
지혜를 실천하라

사람은 언제나 불운의 때를 생각해야 한다. 정념에 사로잡혀 충동적으로 행동하면 신중함과 멀어지고, 모든 것이 수포로 돌아갈 위험에 빠진다. 또 한순간의 분노나 쾌락으로 오랜 시간 쌓은 평정심을 헛되게 할 수 있다. 사람은 누구나 한눈파는 사이 나락으로 빠질 수 있다. 교활한 사람은 이 유혹의 순간을 놓치지 않고 상대방의 마음속 어두운 곳을 찾아낸다. 이들은 상대방의 주의력이 어디까지인가 시험하며 점점 죄어온다. 그렇기 때문에 긴급한 상황일수록 더 절제할 수 있어야 한다. 정념이 제멋대로 날뛰지 않도록 깊이 생각하며 절제해야 한다.

말에 올라타 있는 상황에서도 침착하려면 두 배의 지혜를 갖추어야 한다. 위험을 아는 사람은 신중하게 움직인다. 사람의 입에서 나오는 말은 가벼워도 다른 사람의 귀로 들어간 말은 훨씬 무거워진다는 사실을 기억하고 말할 때도 중용을 지켜 말하라.

어리석음의
병에 걸려 죽지 마라

이성을 잃으면 지혜로운 자도 끝난다. 하지만 어리석은 사람은 이성을 찾기도 전에 죽는다. '어리석음의 병으로 죽는다'는 말은 이성이 마비될 만큼 너무 과도하게 생각해서 고통을 겪는다는 뜻이다. 이런 사람은 너무 많이 생각하고 느끼기 때문에 고통받는다. 다른 사람은 생각하고 느끼지 않기 때문에 고통도 없다. 너무 많이 알기 때문에 고통받는 사람도 어리석은 사람이다. 반대로 충분히 알지 못하기 때문에 고통받지 않는 사람도 있다. 많은 사람이 어리석은 자처럼 고통받는다. 하지만 진짜로 어리석은 자는 고통 자체를 모른다.

어리석은
대중이 있는 곳은 피하라

흔히 저지를 수 있는 어리석음에서 벗어나야 한다. 이런 어리석음은 흔하기 때문에 더 강력하다. 어리석은 사람들 무리에 들어가 있으면 제아무리 현명한 사람이라도 어리석음을 피할 수 없다. 아무리 많은 부를 누리고 있어도 더 많은 부를 갈구하며, 형편없는 이성을 가지고 있어도 더 높은 지혜를 갈구하려 들지 않는다. 그저 자신에게 주어진 운명에 불만을 품고 남의 운명을 시기한다. 이들은 과거에서 벗어나지 않는다. 현재의 옷을 입고 과거의 일을 찬양하고 가까이 있는 것보다 멀리 있는 것을 더 칭찬한다. 그들의 눈에는 항상 과거의 것과 멀리 있는 것이 더 좋아 보인다.

진실을
이용하는 법을 알아라

진실의 카드를 사용하는 것은 위험하다. 하지만 올곧은 사람은 진실을 회피하지 않는다. 단, 진실의 카드를 사용할 때는 기술이 필요하다. 영혼을 치유하는 사람조차 진실이라는 알약을 어떻게 하면 달게 만들 수 있을지 고민했다. 환상이 깨졌을 때 느끼는 고통이란 이루 말할 수 없을 정도로 쓰라리기 때문이다. 기분 좋은 매너와 함께 말한다면 아무리 고통스러운 진실이라도 무난히 받아들일 수 있다. 즉 같은 진실일지라도 말하는 방식에 따라 상대방을 기분 좋게 할 수도, 무너뜨릴 수도 있다.

현재의 일은 아득한 과거의 일처럼 전해야 한다. 그리고 상대방이 그 말이 무슨 뜻인지 이해했으면 그것으로 충분하고, 만약 이해하지 못했다면 침묵으로 기다려야 한다. 왕에게 진실을 말할 때도 쓰라린 방식보다는 달콤한 방식으로 전하는 것이 바람직하다.

살면서 가장 소중히 여겨야 할 것은
자신의 일상이다.
어떻게 살 것인지에 대한 지식이
진정한 지식이다.

축복과
고통은 피할 수 없다

천국에서는 모든 것이 축복이고, 지옥에서는 모든 것이 고통이다. 천국과 지옥의 중간인 이 세상에는 두 가지 모두 존재한다. 우리는 축복과 고통을 양극단에 두고 그 사이에 서 있다. 그렇기 때문에 우리는 이 모두를 경험한다. 운명은 다양하다. 삶이란 행운으로만 가득하지도 않고, 불운으로만 가득하지도 않다. 이 세상 자체는 무에 가깝다. 하지만 천국을 바라보고 서 있으면 세상은 우리에게 넘치는 축복이 된다.

그러니 인생의 고저에 휩쓸려 다니듯 살지 말라. 연극이 절정으로 치닫을수록 복잡해지듯이 우리 인생의 문제도 마찬가지다. 하지만 시간이 지나면 문제는 점차 하나씩 해결된다. 따라서 천국을 바라보듯 당신의 인생이 좋은 결말로 대단원의 막을 내리는 상상을 하며 오늘을 살아라.

The Worldly Wisdom | 238

마무리는
반드시 혼자서 하라

훌륭한 예술가도 제자를 가르칠 때 이 점을 중요시한다. 항상 뛰어난 자가 대가로 남을 수 있다. 지식을 전할 때는 지식의 출처나 핵심 비법까지 알려줄 필요는 없다. 그것으로 명예를 유지하고 다른 사람에게 늘 필요한 존재가 되기 때문이다. 따라서 상대방을 즐겁게 하거나 가르칠 때는 반드시 기억해야 할 법칙이 있다. 상대방이 우리에게 계속 기대하게 만들어야 하고, 완벽을 목표로 늘 진보해야 한다는 것이다.

보여줄 게 바닥나지 않도록 전부를 내놓지 말고 항상 예비를 두어야 한다. 앞서 말한 사실은 인생에서도, 성공에서도 중요한 법칙이다. 특히 높은 위치에 있을 때는 이 사실을 명심해야 한다.

반박하는
기술을 익혀라

진실을 알 수 있는 가장 좋은 방법은 상대방을 당황하게 만드는 것이다. 반박은 상대방이 정념을 표출하게 만드는 좋은 도구로 뜨뜻미지근한 불신을 내비치면 상대방은 비밀을 바로 토해낸다. 반박의 기술은 깊숙이 감추어둔 비밀을 여는 열쇠이며, 이것을 잘만 이용하면 마음과 의지까지도 시험해 볼 수 있다. 상대방의 알쏭달쏭한 말의 가치를 깎아내리면 상대는 깊숙이 묻어둔 비밀을 발설한다. 마치 달콤한 미끼로 비밀을 끌어내어 약삭빠른 속임수의 그물로 상대방을 낚듯이 말이다. 당신이 반응을 보류하여 상대방을 방심하게 만들면 상대방은 아무도 몰랐을 자신의 속마음을 드러낸다. 의심하는 척 가장하면 원하는 답을 얻을 수 있다.

배움에서도 마찬가지다. 반박의 기술을 교묘하게 잘 이용하면 스승에게서 원하는 것을 배울 수 있다. 그러면 스승은 진실을 더 자세하게 강조해서 설명하려 애를 쓰게 된다. 적당한 반박의 기술은 완전한 가르침을 가능하게 한다.

어리석은 실수는
하나로 족하다

실수 하나면 될 것을 둘로 만들지 마라. 우리는 어리석은 짓 하나를 무마시키려 또 다른 어리석은 짓을 저지른다. 무례함을 봐주려다 쉽게 다른 무례함을 낳기도 한다. 어리석음은 거짓과 유사하다. 하나의 어리석음과 거짓을 떠받치기 위해서는 더 많은 어리석음과 거짓이 필요하다. 가장 최악은 어리석음을 놓고 싸우는 것이다. 그리고 실수 자체보다 실수를 감출 줄 모르는 뻔뻔함이 더 나쁘다. 어리석은 행동은 다른 어리석은 행동을 낳는다. 지혜로운 사람은 한 번의 실수는 허용해도 두 번은 절대 허용하지 않는다.

의도를 감추고
망설이는 사람을 주의하라

사업가는 먼저 상대방을 방심하게 만든 뒤 공격하여 목
표를 이룬다. 그들은 목적을 달성하기 위해 자신의 욕망
을 숨긴다. 그들은 의도적으로 뒤처지다 막판에 속도를
올려 승리를 거머쥔다. 상대방이 눈치를 채지만 않는다
면 이 방법은 실패 확률이 거의 없다. 따라서 이런 의도
를 눈치챘을 때는 절대로 주의를 게을리하지 말라. 그리
고 상대방이 자신의 계획을 감추려 스스로 속도를 늦추
고 있다면 당신이 그 계획을 먼저 발견하면 된다.

지혜로운 사람은 이런 사람이 쓰는 책략을 식별할 수 있
고, 목표를 이루기 위해 빌미를 마련하는 행동을 알아볼
수 있다. 이런 사람은 목표물을 얻기 위해 다른 것을 먼
저 조준하여 시선을 돌린 뒤, 재빨리 돌아서서 원래 목표
물에 방아쇠를 당긴다. 따라서 상대방을 어느 정도까지
허락할 수 있을지 알고 있어야 한다. 때로는 상대방에게
당신이 그의 의도를 눈치챘다는 사실을 알리는 것도 좋
은 방법이다.

생각을
명쾌하게 표현하라

간단한 생각도 힘들게 말하는 사람이 있다. 하지만 분명하게 표현하지 않으면 자기 생각과 마음, 판단을 제대로 드러낼 수 없다. 들어가는 입구는 크지만, 출구가 작은 사람이 많다. 또 생각의 크기보다 말의 크기가 큰 사람도 있다. 의지를 다지고, 생각을 표현할 줄 아는 사람은 선물을 받은 사람이다. 상대방을 설득할 줄 아는 사람이 찬사를 받는다. 분명하지 못한 사람이 존경받을 때는 다른 사람이 제대로 이해하지 못했기 때문이다. 때때로 악평을 피하려면 모호해지는 편이 낫다. 말하는 사람이 자기 말과 생각을 분명하게 연결하지 못하는데, 청중이 어떻게 이해하겠는가?

너무 깊게 신뢰하지도,
너무 쉽게 증오하지도 마라

오늘의 친구가 내일의 적이 될 수도 있다. 이는 현실에서 자주 있는 일이기 때문에 항상 조심해야 한다. 우정을 전쟁으로 만드는 사람에게 빌미를 제공하지 마라. 항상 화해의 문을 열어놓아라. 그 문이 관대함의 문이라면 훨씬 더 안전한 문이 될 것이다. 과거의 복수는 현재의 고통이 된다. 나쁜 짓으로 기뻤다면 나중에는 슬퍼질 것이라는 사실을 기억하라.

아집이 아닌
사실을 바탕으로 행동하라

아집은 정념에 사로잡혀 정신이 제 역할을 못할 때 나타난다. 아집이 강한 사람은 모든 일을 싸움으로 만든다. 이런 사람은 강도와 같아서 교제할 때 주의해야 한다. 또 무조건 이겨야 하기 때문에 평화롭게 지내는 법을 모른다. 이런 사람이 다스리는 자리에 있으면 모든 사람에게 치명적인 피해를 입힌다. 나라를 폭동에 휩싸이게 하고, 어린아이와 같이 순수한 사람도 적으로 만들어버린다. 모든 것을 자신의 영향력 아래에 두어 다스리려하고, 바람직한 결과는 모두 자신의 공으로 돌린다.

하지만 이런 사람의 괴팍한 태도가 사람들의 눈에 드러나면 아무도 그와 함께하려고 하지 않는다. 그렇게 아집에 사로잡힌 사람은 아무것도 성공하지 못하고, 문제에 뒤덮이고, 하는 일마다 실망만 안게 된다. 이런 사람은 피하는 게 상책이다.

겉과 속이
다른 사람을 구분하라

요즘처럼 위선자가 판을 치는 세상에서는 더욱 조심해야 한다. 위선자처럼 영악한 사람보다는 신중한 사람이라는 평을 듣도록 하라. 진정성 있게 모든 일을 할 수는 없지만 겉과 속이 한결같으면 사람들이 감동받는다. 또 현명함을 교활함으로 보지 말아야 하듯이, 진정성 있는 사람을 순진한 사람으로 축소해석하지 말아야 한다.

교활해서 사람들이 꺼려하는 사람이 되기보다 지혜롭기 때문에 존경받는 사람이 되는 게 낫다. 솔직한 사람은 겉과 속이 한결같기 때문에 많은 사람에게 사랑받지만 동시에 속기 쉽다. 따라서 속임수를 알아 볼 수 있는 지혜를 함께 지녀야 한다. 진정으로 위대한 능력은 속임수를 구별해 내는 능력이다. 황금의 시대에는 단순함이 번성했지만 오늘날과 같은 철의 시대에는 교활함이 번성한다. 해야 할 일을 아는 사람이라는 평판은 신뢰를 쌓을 수 있지만 위선자로 간주되면 불신을 불러일으킨다.

용맹이 없다면
교활함도 괜찮다

사자의 가죽을 입을 수 없다면 여우의 털이라도 입어라.
시대를 따르는 것은 곧 시대를 이끄는 것이다. 원하는 것
을 얻고자 하는 사람은 절대 자신의 평판을 소홀히 하지
않는다. 힘으로 안 될 때는 영리함을 이용해야 한다. 용
맹이라는 큰 도로를 택할 수 없으면 교활함이라는 샛길
을 선택하라. 힘보다 기술이 더 효과가 있는 법이다. 명
민함으로 용기를 이길 수 있다. 원하는 것을 얻을 수 없
다면 차라리 업신여겨라.

타인에게 무례한 사람은
자신에게도 그러하다

자기 자신이나 다른 사람에게 창피 주는 일을 하지 마라. 어떤 사람은 자기 자신은 물론 타인에게까지 무례하게 굴며 어리석은 짓을 도맡아서 한다. 무례한 사람과 쉽게 사귈 수는 있지만 헤어질 때는 언제나 불쾌하다. 이런 사람은 하루에도 수도 없이 사람의 심기를 건드린다. 또 언제나 말꼬리를 잡아 상대방의 인내심을 시험한다. 이들은 심판의 모자를 거꾸로 쓰고 모든 사람을 정죄한다. 이렇게 선을 행하지 않고 모두에 대해 나쁘게 말하는 사람을 대할 때는 인내심과 지혜가 가장 많이 필요하다. 무례함이라는 세상 속에 사는 괴물이 많다는 사실을 기억하라.

신중한 말은
지혜의 증거다

혀는 야수와 같아서 한번 풀어놓으면 다시 묶어두기 힘
들다. 말은 영혼의 맥박과 같다. 명의가 맥박만으로 사람
의 건강 상태를 파악하듯 지혜로운 사람은 영혼의 건강
을 판단할 때 영혼의 맥박 즉 말을 먼저 살핀다. 말을 조
심하지 않으면 최악의 상황을 겪는다. 현명한 사람은 말
을 다스린다. 말을 아껴 쓸데없는 근심을 만들지 않고,
당황스러운 상황에 빠지지도 않는다. 지혜로운 사람은
항상 신중하며, 로마 신화의 야누스(출입문의 신으로 시간과 공간
의 경계를 관장함_옮긴이)처럼 좌우로 치우치지 아니하며, 아르
고스처럼 경계를 늦추지 않는다. 로마 신화에 나오는 모
모스(불평, 불만, 야유의 신_옮긴이)는 인간의 가슴에 창을 내지 말
고 손에 눈을 달아달라고 했어야 했다.

괴짜가
되지 마라

그 이유가 허세이든 부주의함 때문이든 괴짜가 하는 기이한 행동은 삼가야 한다. 개인의 자질이 너무 특출나다 보면 종종 별난 행동으로 이어지기도 한다. 하지만 별난 행동은 그 사람의 뛰어난 자질을 되레 결점으로 만들어 버린다. 추한 행동은 추한 외모만큼이나 다른 사람에게 혐오감을 안긴다는 사실을 기억하라. 별난 행동을 해서 사람들의 뇌리에 괴짜로 각인되지 마라. 그러면 조롱받거나 악의에 찬 공격을 받게 된다.

일의 성질을 잘 파악하여
요령 있게 해결하라

모든 사물은 부드러운 면과 거친 면을 함께 지닌다. 실타
래도 어떻게 푸느냐에 따라 잘 풀릴 때도 있고, 더 엉켜
버릴 때도 있다. 적을 공격할 때도 칼날로 공격해야지 창
의 자루로 공격하면 큰 상처를 입힐 수 없다. 요령만 알
면 쉽게 해결할 수 있는 일도 잘못하면 고통스러운 일이
될 수 있다는 사실을 기억하라.

영리한 사람은 쉽게 풀리는 쪽을 잘 찾아낸다. 같은 사물
이라도 어떤 불빛 아래에 있느냐에 따라 다르게 보인다.
따라서 제일 잘 보이는 쪽을 선택하고, 좋은 점과 나쁜
점을 맞바꾸지 마라. 모든 일이 잘 풀리는 사람도 있고,
항상 뜻대로 되지 않는 사람도 있다. 타고난 성질을 잘
보고, 쉽게 풀리는 지점을 잘 찾을 수 있어야 불행으로부
터 자신을 지킬 수 있다. 이것이 시대와 상황을 막론하고
중요하게 여겨야 할 삶의 법칙이다.

당신이 가진
최대 약점을 파악하라

눈에 띄는 장점이 있으면 약점도 있다. 약점을 잘 다스리지 못해서 욕망에 사로잡히면 폭군이 되기 쉽다. 따라서 신중함과 동맹을 맺어 약점과 전쟁을 시작하라. 그리고 제일 먼저 다른 사람에게 당신의 약점을 선포하라. 약점이 드러나면 쉽게 정복할 수 있다.

특히 제삼자의 시선으로 자기 약점을 보면 더 쉽게 극복할 수 있다. 나 자신을 다스리려면 자기 자신에 대해 잘 알아야 한다. 자신의 최고 결함을 이겨내면 나머지 결함도 쉽게 이길 수 있다.

친절을
베풀어라

대부분의 사람은 받은 대로 행동하고 말한다. 사람은 본디 의심을 하면서도 나쁜 행동에 쉽게 설득된다. 나쁜 행동은 다른 사람이 굳이 시키지 않아도 쉽게 할 수 있지만 선한 행동은 다른 사람의 영향이 크다.

선한 쪽에 서 있는 것에 만족하는 사람도 있지만 사실 이것만으로는 부족하다. 선한 일을 할 때는 그것을 북돋아줄 다른 사람의 힘이 필요하다. 사람에게 선심을 베푸는 데에는 비용이 거의 들지 않지만 도움을 받는 사람에게는 큰 힘이 된다. 세상이라는 거대한 집에 아무도 원하지 않는 방이란 없다. 그 가치가 아주 작은 방일지라도 누구든 필요한 사람이 있기 마련이다.

첫인상의
노예가 되지 마라

어떤 사람은 자신이 들은 첫마디에 꽂혀 다른 말을 귀담아듣지 않는다. 거짓은 항상 진실보다 앞서간다. 거짓이 진실과 동행하면 진실이 머물 자리를 빼앗아 버린다. 따라서 우리는 처음 말만으로 상대를 판단하지 말아야 한다. 항상 처음은 피상적인 수준에 머물기 때문에 깊이가 없다. 술통은 처음 담았던 술의 향기를 간직한다. 술통처럼 처음 들은 말에만 의지하는 사람이 많다.

이런 사람은 교활한 사람에게 쉽게 이용당하기 때문에 치명적인 손해를 본다. 악인은 이처럼 쉽게 속아 넘어가는 사람을 재빨리 현혹한다. 그러므로 다음 말을 들을 수 있게 여지를 남겨놓아라. 알렉산더 대왕은 항상 한 쪽 귀를 열어두었다. 두 번째 혹은 세 번째까지 기다려라. 첫인상의 노예가 되면 능력을 쌓을 수 없다. 이는 정념의 노예가 되는 것과 다름없다.

나쁜 소문을 퍼트리는
사람이 되지 마라

험담을 하는 사람으로 여겨지면 더더욱 안 된다. 중상모
략을 일삼는 사람으로 간주되기 때문이다. 다른 사람을
즐겁게 하려고 또 다른 사람을 희생양으로 삼을 필요는
없다. 이는 증오를 불러일으키기 마련이다. 다른 사람을
모략하는 사람은 언제나 복수의 대상이 되며, 다수가 공
격하기 때문에 쉽게 무너진다.

험담으로 즐거움을 느끼거나 이것을 단골 소재로 삼지
말아야 한다. 뒤에서 험담하는 사람은 언제나 미움을 받
는다. 이런 사람과 혹여라도 어울리는 사람이 있다면 그
사람의 안목을 존경해서가 아니라 그 사람을 조롱하는
일이 즐겁기 때문이다. 나쁘게 말을 하는 사람에게는 더
나쁜 말이 되돌아온다.

인생을 3일이라고 생각하고
지혜롭게 계획하라

삶을 계획할 때는 운에 맡기지 말고, 신중하게 앞을 내다보며 계획해야 한다. 즐겁지 않다면 쉽게 지친다. 긴 여행을 하는데 숙소가 없는 상황을 상상해 보라. 다방면의 지식이 있으면 삶을 다양하게 즐길 수 있다.

고귀한 삶을 여행하고 싶다면 첫 날은 죽은 자와 대화하며 보내도록 하라. 진실한 고전을 읽고 진짜 사람으로 거듭나라. 삶은 세상과 우리 자신을 알기 위한 여정이다.

둘째 날은 산 사람과 보내야 한다. 세상을 두루 경험하며 그 속에 있는 모든 선한 것을 느끼고 보아라. 한 곳에만 머물면 많은 것을 깨닫지 못한다. 우주는 자신의 선물을 여러 곳에 나누어 놓았다. 그리고 때때로 가장 추한 사람에게 최고의 재능을 부여하기도 한다.

마지막으로 셋째 날에는 온전히 자신만의 시간을 가져라. 더할 나위 없는 최고의 행복은 삶의 철학자가 되는 것이다.

더 늦기 전에
깨우쳐라

늦기 전에 눈을 떠라. 볼 수 있다고 해서 모든 사람이 눈을 뜨고 보지 않으며, 눈을 뜨고 있어도 제대로 보지 않는다. 너무 늦게 깨달으면 근심이 더 많아진다. 깨달아야 할 것이 남아 있지 않은 상황에 가서야 겨우 눈을 열기 시작하는 사람이 있다. 이런 사람은 정신을 차리기도 전에 자멸한다. 의지가 없는 사람을 깨우치는 일은 어렵다. 하지만 깨닫지 못한 사람을 움직이는 일은 훨씬 더 어렵다. 이런 사람 주위에는 그를 농간하는 사람이 가득하지만 보통 다른 사람의 말을 잘 듣지 않기 때문에 눈을 떠서 보려하지 않는다. 원래 존재하기를 다른 사람이 무감각해지도록, 즉 제대로 보지 못하게 하기 위해 사는 사람도 있다. 장님이 주인인 말은 불행하며 이런 말은 절대로 날렵해지지 못한다.

완성되기 전까지
남에게 보이지 마라

사람들은 완성품에만 만족한다. 모든 일의 첫 시작은 형태를 제대로 갖추고 있지 않다. 이런 기형적 모습이 사람들의 눈에 들어가면 그 모습만 기억된다. 미완성의 모습이 뇌리에 박혀있으면 완성된 모습을 제대로 즐길 수 없다.

음식을 한 번에 삼키면 부분의 맛을 파악할 수 없지만 음식 전체의 풍미를 즐길 수 있다. 마찬가지로 위대한 작품도 전체를 감상해야 제대로 즐길 수 있다. 하나가 전체로 완성될 때까지는 아무것도 될 수 없다. 마찬가지로 과정은 완성된 결과물이 나올 때까지 아무것도 아니다. 가장 맛있는 음식도 준비 과정만 보면 식욕이 돋기보다 입맛이 떨어진다. 훌륭한 거장도 자기 작품의 초기 과정은 사람들에게 보이지 않는다. 자연에게서 배우자. 자연은 아직 준비를 마치치 않은 것을 세상에 드러내는 일이 없다.

장사꾼의
면모를 지녀라

인생은 생각만으로 되지 않는다. 행동해야 한다. 그런데 많이 배운 사람일수록 오히려 속기 쉽다. 자신의 전문 분야에 대해서는 잘 알지만, 살면서 가장 필요한 일상에 대해서는 잘 모르기 때문이다. 높은 가치를 추구하다 보면 가장 가까운 일을 챙길 시간이 없다. 이런 사람은 가장 기본적인 것에 대해 잘 모르다 보니 평범한 사람에게 오히려 무식하다고 무시당할 수 있다. 그러므로 지혜로운 사람은 장사꾼의 면모를 배워야 한다. 그래야 조롱받거나 속지 않는다. 따라서 일상을 잘 꾸려나가는 사람이 되어라. 살면서 가장 소중히 여겨야 할 것은 자신의 일상이다. 지식이 실용적이지 않다면 무슨 소용이 있겠는가. 어떻게 살 것인지에 대한 지식이 진정한 지식이다.

상대방의
취향을 고려하라

상대방의 취향을 고려하지 않으면 상대방은 즐겁기보다 불편해진다. 입맛을 고려하지 않은 채 음식을 강요하면 상대방은 불쾌해한다. 어떤 사람에게 즐거운 말이 다른 사람에게는 모욕이 될 수도 있다. 또 도움을 주려다 다른 사람을 불쾌하게 할 수도 있다. 상대방을 불쾌하게 하면 즐겁게 한 것보다 더 큰 대가를 치러야 할 수 있다. 상대방이 무엇을 좋아하는지 파악하지 못하면 감사와 보답을 얻지 못한다. 다른 사람의 취향에 맞추지 못하면 그 사람을 즐겁게 할 수 없다. 청찬할 의도로 건넨 말이 모욕으로 오해받아 호되게 벌을 받는 경우가 허다하다. 대화할 때도 취향을 무시한 대화는 지루할 뿐이다.

명예가 달린 중요한 일은
혼자서 하라

상대방의 허점을 쥐고 있지 않은 이상 명예가 달린 일은 다른 사람에게 맡기지 마라. 어쩔 수 없는 상황이라면 명예가 달린 비밀을 침묵했을 때 상호 이익이 되게 하고, 폭로했을 때 둘 다 위험하게 만들어라. 명예가 달린 일은 파트너와 공동으로 해야 한다. 그러면 자신의 이익을 지키기 위해 상대방의 명예도 지켜준다. 절대로 당신의 명예를 다른 사람에게 맡기지 마라. 만약 당신이 다른 사람의 명예를 맡았다면 아주 조심해야 한다. 당신에게 불리해질 상황을 대비하여 위험부담 및 책임은 공동으로 져야 한다.

부탁하는 법을
배워라

부탁을 쉽게 하는 사람도 있고, 못하는 사람도 있다. 거절하는 법을 모르는 사람에게는 부탁의 기술을 쓸 필요가 없다. 반면에 첫 마디가 모두 '아니오'인 사람에게는 적당한 때와 기술이 모두 필요하다. 거절만 하는 사람에게 부탁할 때는 그 사람이 기분 좋은 상태일 때 해야 한다. 기분이 좋으면 아무리 똑똑한 사람이라도 의도를 쉽게 알아챌 수 없기 때문이다.

기쁜 날이 호의를 베푸는 날이다. 내면에 기쁨이 가득해야 밖으로 흘러나온다. 하지만 이미 다른 사람의 부탁을 거절한 상태라면 당신이 부탁한다고 해도 들어주지 않을 것이다. 그런 날은 거절을 위한 거절의 날이기 때문이다. 또 슬픈 일이 일어난 직후도 좋은 때가 아니다. 부탁받는 사람이 비열한 사람이 아니라면 승낙받는 확실한 방법은 미리 그 사람을 기쁘게 만드는 것이다.

미리 베푼 호의는
반드시 보답받는다

보상받을 만한 행동을 하기 전에 먼저 호의를 베푸는 사람은 친절한 사람이다. 미리 호의를 베풀면 좋은 점이 두 가지 있다. 호의를 먼저 받은 사람은 마음의 빚을 강하게 느낀다. 똑같은 보답이라도 나중에 주면 그 보답을 자신이 한 일에 대한 단순 보상이라 여긴다. 따라서 나중에 보답하지 말고 미리 베풀어 그 호의에 대한 보답을 받아라. 이 미묘한 기술의 차이가 결과의 차이를 만든다. 하지만 이것도 보답하고 싶은 마음이 먼저 들어야 가능하다. 비열한 자에게 미리 건넨 보상은 원하는 행동을 이끄는 원동력이 되기보다 걸림돌이 된다.

상사의 비밀을
발설하지 마라

상사의 비밀을 공유하면 공유한 사람과 친밀한 관계를 맺을 수 있을 것 같지만 전혀 아니다. 오히려 이런 관계는 빈껍데기와 같다. 많은 사람이 친구에게 상사의 비밀을 털어놓은 일로 신세를 망친다. 리더의 위치에 있는 사람은 더욱 자신의 비밀을 공유해서는 안 된다. 그렇게 하면 비밀이 더 두드러질 뿐이다. 많은 사람이 자신의 추함을 알려주는 거울을 깨뜨린다. 우리는 자신의 모습이 날것 그대로 비치는 것을 싫어한다. 한번 비호의적인 모습으로 비치면 그다음부터는 아무리 노력해도 호의적으로 비치지 않기 때문이다.

또 아무에게도 지나치게 신세지지 마라. 특히 위대한 사람에게는 도움을 줄지언정 신세지지는 말아야 한다. 친구에게 비밀을 털어놓는 일 또한 위험하다. 자신의 비밀을 다른 사람에게 공유하면 그 비밀을 아는 사람의 노예가 된다. 특히 군주와 같이 높은 위치에 있는 사람은 조심해야 한다. 이런 사람은 비밀을 공유했기에 잃어버린 자유를 되찾으려 이성과 권리를 포함한 모든 것을 뒤엎어버릴 수 있다. 그러니 비밀은 말하지도 말고 듣지도 마라.

자신에게 무엇이
부족한지 파악하라

부족한 면이 없다면 위대한 인물이 되었을 법한 사람이 많다. 부족함이 해결되어야 탁월한 사람이 될 수 있다. 조금만 보완되면 훨씬 더 놀라운 재능을 보일 사람도 있고, 자신에 대해 충분히 고민하지 않기 때문에 진면목을 발휘하지 못하는 사람도 있다. 그리고 인성이 부족한 사람도 있는데 이런 사람은 주위 사람이 먼저 알아챈다. 특히 높은 위치에 있는 사람이 인성이 부족하면 쉽게 들킨다. 어떤 사람은 조직력이 부족하고, 어떤 사람은 절제가 부족하다. 어떤 경우에도 신중한 사람은 습관을 제2의 천성으로 삼아 부족함을 보완한다.

핵심에서 벗어나
지나치게 따지지 마라

따지는 능력보다 분별력이 훨씬 중요하다. 필요 이상으로 알면 무기가 무뎌진다. 무기의 끝이 너무 뾰족하면 쉽게 굽어지거나 부서지기 때문이다. 상식이 가장 확실한 진리이다. 잘 아는 것은 좋지만 그렇다고 너무 세세하게 따지고 들지 말아야 한다. 말이 장황해지면 분쟁이 일어난다. 차라리 건강한 판단력을 지니는 게 훨씬 낫다. 그래야 문제의 핵심에서 벗어나지 않을 수 있다.

때때로
어리석음을 이용하라

현명한 사람은 어리석은 패를 종종 이용한다. 때때로 어리석어 보이는 곳에 가장 훌륭한 지혜가 담겨있을 때가 있다. 물론 진짜로 어리석으면 안 되지만, 어리석은 척 행동할 수도 있어야 한다. 하지만 모두가 어리석은데 홀로 지혜롭고, 모두가 지혜로운데 홀로 어리석다면 별 소용이 없다. 각각의 무리에는 각자의 언어가 있다.

어리석은 척하는 사람은 어리석은 자가 아니고, 어리석음으로 고통받는 사람이 진짜 어리석은 사람이다. 호감을 얻고 싶다면 가장 어리석은 동물의 가죽을 입어라.

행운의 조각이 서로 맞물려 있듯
불행도 각 조각이 서로 맞물려 있다.
행운과 불운은 항상 함께할 동료를 찾는다.
불행한 사람을 피하고 운이 따르는 자와 어울려라.

농담의
선을 지켜라

농담을 삼가되 농담을 받을 때는 쉬이 넘겨라. 듣는 사람에게 창피를 주지 않으려면 농담을 삼가야 하고, 말한 사람에게 창피를 주지 않으려면 농담을 잘 받아넘겨야 한다. 즐거운 자리에서 으르렁거리며 공격하는 짓은 동물이나 하는 짓이다. 기발한 농담은 즐겁고, 농담을 잘 받아들이는 사람은 재치 있는 사람이다.

하지만 상대가 농담을 들었을 때 짜증을 내면 이는 다른 사람의 짜증으로 이어진다. 최고의 방법은 그냥 내버려두는 것이다. 그리고 그보다 더 확실한 방법은 상황에 말려들지 않는 것이다. 농담은 싸움으로 쉽게 번지기 때문에 요령 있고 신중한 태도를 지녀야 한다. 그리고 농담을 하기 전에 상대방이 얼마나 받아들일 수 있는지부터 먼저 파악해야 한다.

끝까지
밀고 가라

초반에 모든 힘을 소진하다 끝에 가서 마무리를 짓지 못하는 사람이 많다. 생각은 많지만 실행력이 없기 때문에 항상 흐지부지하게 끝난다. 이렇게 하면 결과물을 내지 못하므로 명성도 얻지 못한다. 마무리를 짓지 못하는 사람은 한 걸음 떼고 모든 걸 멈춰 버린다. 인내심이 부족하기 때문에 끝까지 가지 못하는 경우도 있다. 인내심이 부족한 사람은 노력하여 장애물을 극복할 수는 있지만 뒷심이 부족해 최종 완성품을 내놓지 못한다. 이런 사람은 승리를 거머쥐는 법을 모른다. 또 자신의 가능성은 입증하지만 그 가능성을 끝까지 실행하지 못한다. 그렇기 때문에 결국 힐 수 없는 사람, 혹은 착실하지 못한 사람이 되고 만다. 맡은 일이 좋은 일이라면 왜 끝내지 못하는가? 악한 일이라면 왜 맡아서 하는가? 현명한 사람이라면 목표물을 쫓아가는 것에만 만족하지 말고, 끝까지 쫓아가 손에 넣어야 한다.

비둘기처럼
순진한 사람이 되지 마라

뱀의 교활함과 비둘기의 순진함을 모두 지니되 상황에 따라 번갈아 이용하라. 순진한 사람을 속이는 것만큼 쉬운 일이 없다. 보통 거짓말을 하지 않거나 다른 사람을 속여보지 않은 사람이 쉽게 속는다. 사람은 어리석어서 속는 게 아니라 순진한 선의 때문에 속는다.

속임수로부터 자기 자신을 보호하는 사람은 두 종류가 있다. 이들은 속임수 때문에 혹독한 대가를 치른 사람이거나 다른 사람을 본보기로 삼은 사람이다. 악인이 교묘하게 올가미를 이용해 속이면 신중한 사람은 끊임없이 의심하며 속임수를 피해야 한다. 다른 사람이 당신에게 해를 끼칠 정도로 순진하게 행동하지 말아야 한다. 뱀과 비둘기 모두를 닮아라. 대신 괴물이 되지 않도록 주의하라.

현명한 사람은 호의를 받고도
베푼 것처럼 보이게 한다

상대방이 당신에게 신세를 진 것처럼 느끼게 하라. 어떤 사람은 자신이 호의를 받았음에도 자신이 베푼 것처럼 보이게 한다. 어떤 사람은 자신이 호의를 받았음에도 되레 칭찬을 얻는다. 이런 사람은 일을 명석하게 처리하여 자신이 도움을 받는 데도 도움을 주는 것처럼 보이게 만든다. 또한 비범한 능력으로 친절의 주체를 바꾸기도 한다. 그래서 누가 누구에게 은혜를 주는지 확신할 수 없게 만든다. 이런 사람은 칭찬으로 최고의 것을 얻고 기쁨을 표현하여 상대방을 기분 좋게 만든다. 공손함이라는 호의를 베풀고 자신이 져야 할 신세를 남이 지게 한다.

이렇게 '은혜 베풂'이라는 말을 수동태가 아닌 능동태로 만들고, 정확하게 따지는 문법학자가 아닌 사람의 마음을 다루는 정치인의 면모를 보인다. 여기에는 아주 섬세한 수완이 필요하다. 하지만 더 뛰어난 수완은 상대방의 의도를 먼저 알아채는 것이다. 현명한 사람은 어리석은 자의 흥정을 직접 응수하여 자신의 명예를 지킨다.

칭찬에 속지 말고
아첨을 비난하라

당신에게 좋은 말만 하는 사람은 당신을 사랑하는 사람이 아니라 자기 자신을 사랑하는 사람이다. 따라서 다른 사람의 달콤한 칭찬에 속지 마라. 차라리 그 아첨의 말을 비난하도록 하라.

악명 높은 사람에게 비난받으면 되레 신뢰를 얻을 수 있다. 모두에게 칭찬받는 것도 성가신 일이다. 모두가 좋아하면 그만큼 희소가치가 낮은 일이라는 뜻이다. 완벽함은 소수의 것이다.

필요 이상의
변명은 하지 마라

다른 사람이 요구하지 않는 이상 절대 먼저 변명하지 마라. 상대방이 해명을 요구했다고 해서 필요 이상으로 변명하는 것은 한심한 짓이다. 굳이 나서서 변명하는 것은 자기 자신을 스스로 고발하는 행위와 같다. 문제가 없어 보이는데도 스스로 생채기를 내면 악한 사람들이 먼저 알아본다. 불필요한 변명은 잠들어 있는 의심을 깨운다. 현명한 사람은 자신이 다른 사람의 의심을 눈치챘다는 사실조차 드러내지 않는다. 그 사실을 밝히는 행동은 화를 자초하는 행동과 다를 바 없어서다. 다른 사람의 의심은 변명이 아닌 흠 없는 행동으로 잠재우는 게 제일 낫다.

조금 더 많이 알고,
조금 더 적게 살아라

어떤 사람은 이와 반대로 한다. 느긋함이 바쁜 것보다 낫다. 우리는 시간 말고는 그 어떤 것도 진정으로 소유할 수 없다. 아무것도 없는 사람도 시간은 소유할 수 있다. 사소한 일을 하는 사람도, 중요한 일을 하는 사람도 인생을 낭비하면 불행해진다. 살면서 일과 시기심은 쌓아두지 마라. 그렇지 않으면 인생은 복잡해지고 정신은 고갈된다. 어떤 사람은 지식에 이런 원리를 적용하고 싶어 한다. 하지만 지식을 쌓지 않으면 제대로 살 수 없다.

마지막 말로 모든 것을
성급하게 판단하지 마라

가장 최근에 들은 정보만으로 판단하면 극단으로 치우치기 쉽다. 성급하게 판단하는 사람은 감정과 욕망이 쉽게 변한다. 최신 정보에만 의존하여 성급하게 결론을 내리고 이전에 들었던 내용은 모두 지워버리면 아무것도 이루지 못한다. 모든 것을 너무 빨리 잃기 때문이다. 또 자기 입맛대로 사람을 바꾸려 하기 때문에 진정한 친구가 될 수 없다. 이렇게 철없는 어린아이와 같은 상태로 평생을 산다. 이런 사람은 신중하지 못하고 감정과 의지가 변덕스러워서 자주 멈춰설 수밖에 없다. 그리고 이리저리 비틀거리다 인생이 끝나버린다.

중요한 일은
먼저 하라

인생의 끝에 필요한 것을 먼저 시작하지 마라. 많은 사람이 먼저 즐기고 걱정은 끝으로 미룬다. 하지만 가장 핵심적인 것을 먼저하고 부수적인 것은 나중에 여유가 있을 때 처리하도록 해라. 어떤 사람은 싸우기도 전에 이기려고 한다. 별로 중요하지 않은 일을 먼저 배우고 명성을 가져다줄 공부는 삶의 뒷전으로 미룬다. 이제 막 운때가 시작되었는데 인생의 극장에서 퇴장해야 하는 사람도 있다. 인생도 지식과 마찬가지로 이루는 방식이 중요한 법이다.

나쁜 의도로 말하는
예, 아니요를 구분하라

250

사람은 언제 화법을 바꾸는가? 특히 나쁜 의도가 있을 때 화법을 바꾼다. 예를 들어, 모든 것을 반대로 말하는 방식으로 화법을 바꾼다. '아니요'를 '예'로, '예'를 '아니요'로 말한다. 이렇게 반대로 말하는 사람이 혹평을 내리면 이는 최고로 좋다는 뜻과 같다. 자신이 원하는 것을 안 좋게 말해서 얻으려고 하기 때문이다.

청찬은 듣기 좋은 말만 하는 게 아니다. 좋은 것을 청찬하지 않고, 나쁜 것을 반대로 청찬하는 사람도 있다는 사실을 기억하라. 이런 사람에게는 그 어떤 것도 좋지 않으며 아무것도 나쁘지 않다.

대안이 없는 것처럼
선택하라

인간적인 방법을 사용할 때는 신이 없는 것처럼 하고, 신의 방법을 사용할 때는 다른 대안이 없는 것처럼 하라. 이것은 따로 설명할 필요가 없는 훌륭한 규칙이다.

자신은 물론 타인에게도
완전히 소유되지 마라

두 유형 모두 비열한 독재자의 전형이다. 자신을 완전히 소유하려는 마음은 모든 것을 독차지하려는 마음과 같다. 이런 사람은 다른 사람에게 조금도 양보하지 않는다. 은혜를 베풀지도 않고 그들 자신의 운에만 기대다 결국 쉽게 무너진다. 남을 소유하려면 차라리 남에게 구속되는 게 편리한 방법이 된다. 공직은 대중에게 구속되는 자리이므로 대중의 노예와 다름없지만, 이 사실을 망각하면 고대 로마 황제 하드리아누스에게 노파가 한 말처럼 다른 사람에 대한 책임은 물론이고 자신의 자리까지 모두 포기해야 할 수도 있다.

하지만 그렇다고 완전히 남에게 구속되면 안 된다. 이런 사람은 어리석을 뿐만 아니라 항상 극단으로 치닫는 불운한 사람이다. 타인에게 너무 많이 구속되면 짧은 찰나의 순간조차 자기 것이 아니므로 완전히 타인의 노예가 된다. 지식도 마찬가지다. 다른 사람에 대해서 너무 많이 알면 정작 자기 자신에 대해서는 아무것도 모르게 된다. 현명한 사람은 다른 사람이 자신을 찾아올 때 순전히 그들의 이익 때문에 찾는다는 사실을 안다.

높은 평가를 받고 싶다면
남에게 자신을 이해시키지 마라

대부분이 이해 가능한 것은 우러러보지 않는다. 그들은 볼 수 없는 것만 숭배한다. 가치 있는 대상이 되려면 그만큼 대가를 치러야 한다. 이해되지 않는 것은 과대평가 된다. 그러니 높이 평가받고 싶다면 상대방이 원하는 이상으로 지혜로워 보여야 한다.

이때도 과유불급의 진리를 기억하라. 분별력 있는 사람은 상식으로 충분하지만 평범한 대부분은 상식만으로는 제대로 이해하지 못한다. 이런 사람에게는 이해할 수 없는 것을 제공하여 비난할 틈을 주는 대신, 그것을 이해하는 데 시간을 쓰게 만들 수 있다. 많은 사람이 막연하게 어떤 대상을 찬양한다. 찬양의 이유를 물으면 모른다고 답한다. 잘 모르기 때문에 미지의 것을 숭배하며 다른 사람의 찬양을 들었기 때문에 우러러본다.

아무리 작은 불행이라도
방심하면 안 된다

불행은 절대로 혼자 오지 않는다. 행운의 조각이 서로 맞물려 있듯 불행도 각 조각이 서로 맞물려 있다. 행운과 불운은 항상 함께할 동료를 찾는다. 그러므로 불행한 사람을 피하고 운이 따르는 자와 어울려라. 초록은 동색이라는 말처럼 행운은 행운을 감당할 사람만 찾아간다. 마찬가지로 불행한 사람은 모든 일에 불운을 달고 다닌다. 또 자신에게 다가온 행운조차도 불운으로 바꾼다. 불운이 잠들어 있을 때는 깨우지 마라. 사소한 한 번의 실수는 넘어갈 수 있지만 실수가 계속 이어지다 보면 불운이 끊임없이 들이닥치게 된다. 완벽한 행복이 없듯이 완벽한 불행도 없다. 하늘로부터 내려오는 일에는 인내하고, 땅에서 발생하는 일에는 지혜롭게 대처하라.

선행은
조금씩 자주 하라

되돌려 받을 수 있는 것 이상으로 베풀어서는 안 된다. 혹여나 지나치게 많이 베푸는 사람이 있다면 그 사람은 거저 주는 게 아니라 이익을 생각하는 사람이다.

염치없는 사람에게는 은혜를 베풀지 마라. 이런 사람은 자신이 감당할 수 없는 은혜를 받게 되면 인연조차 끊어 버린다. 따라서 부담이 될 정도로 베풀 필요가 없다. 지나친 베풂은 사람까지도 잃게 한다. 갚을 수 없으면 갚는 것을 포기하고 채무자가 아닌 적이 되어버린다. 우상은 자신의 형상을 조각한 조각가 앞에 서고 싶어 하지 않는다. 마찬가지로 은혜받은 사람은 은혜를 베푼 사람 앞에 서고 싶어 하지 않는다. 중요한 사실은 남에게 베풀 때는 대가가 적은 것을 자주 베풀어야 더 존경받을 수 있다는 사실이다.

어리석은 사람에 맞서
무장하라

예의 없는 사람, 배신하는 사람, 건방진 사람 그리고 모든 종류의 어리석은 사람에 맞서 무장하라. 세상에는 이런 악한 사람이 많다. 악한 사람을 피하기 위해서는 지혜를 갖추어야 한다. 매일 자신을 주의 깊게 살피고 지혜로 자신을 무장하라. 그리하면 어리석은 사람의 공격을 무너뜨릴 수 있다. 만일의 경우를 대비하고, 당신의 명성을 저속하고 우발적인 사건에 노출하지 마라. 신중함을 갖추면 무례함 때문에 피해를 보지 않는다.

사람을 사귀는 것은 어렵다. 그 과정에서 우리의 신용에 충격을 가하는 사건을 수도 없이 만나기 때문이다. 따라서 악한 사람을 피하기 위해서는 율리시스(오디세우스의 라틴어 이름_옮긴이)처럼 우회로를 택하는 것도 좋은 방법이다. 이런저런 사건에 휘말릴 때는 오해한 척 가장하는 것도 좋다. 거기에 정중함을 갖추면 어려움을 이길 유일한 길이 된다.

인간관계가 파국으로
치닫지 않게 하라

인간관계가 틀어지면 항상 손해를 본다. 친구 사이일 때 아무렇지도 않던 사람이 적이 되면 큰 괴로움을 준다. 선을 행하는 사람은 거의 없고 악을 행하는 사람이 다수이기 때문이다. 등을 돌린 친구가 가장 쓰라린 적이 된다. 그들은 자신의 흠을 다른 사람의 흠으로 덮으려 한다. 사람은 모든 일을 자기 입맛대로 해석하기 때문에 친구와 사이가 틀어지면 갖가지 이유를 대어 비난한다. 어떤 일은 선견지명이 부족하다는 이유로, 다른 일은 인내심과 지혜가 부족하다는 이유로 비난한다. 이처럼 관계가 틀어지면 많은 사람에게 비난받기 때문에 좋을 게 하나도 없다. 그러니 불가피한 이유로 관계를 끊을 수밖에 없다면 그 사람에 대한 분노나 단점 때문이 아니라 그저 우정이 해이해져 관계가 멀어진 것이라고 변명해야 한다. 좋은 후퇴의 본보기가 바로 이것이다.

당신의 문제를
나눌 사람을 찾아라

그렇다면 당신은 위험한 상황을 홀로 감당하지 않아도 된다. 또, 증오의 짐을 혼자 지지 않아도 된다. 어떤 사람은 높은 지위에 있어 성공의 모든 영광을 차지하지만 동시에 모든 굴욕도 감당해야 한다. 이런 사람의 주위에는 핑계 댈 사람도, 비난을 공유할 사람도 없다.

운명과 성난 군중도 두 명을 동시에 공격하지는 않는다. 지혜로운 의사도 치료에 실패했을 때 자신을 도와줄 사람을 곁에 둔다. 문제를 나누어라. 불운은 혼자 있는 사람에게 두 배 강한 힘으로 다가온다.

상대의 공격이 예상되면
미리 호의를 베풀어라

복수보다 회피가 더 지혜로운 행동이다. 지혜로운 사람은 자신을 공격하는 경쟁자를 친구로 만들어버린다. 여간 지혜롭지 않고서는 힘들지만 은혜를 베푸는 법을 알면 도움이 많이 된다. 상대방의 마음을 감사로 채워라. 사람의 마음이 감사로 가득차게 되면 상처 입힐 틈이 생기지 않는다. 적의를 호의로 바꾸는 것이 진정한 수완이다. 악의적인 관계를 신뢰관계로 만들 수 있도록 노력하라.

관계에서
구속이란 없다

우리는 아무에게도 속하지 않으며, 아무도 우리에게 속하지 않는다. 가장 친밀한 관계라도 서로를 완전히 구속할 수는 없다. 신뢰를 주는 것과 존중하는 것은 다른 일이다. 가장 친밀한 관계에도 예외가 있으며, 이것이 지켜지지 않으면 그 관계는 깨지기 마련이다. 친구라고 모든 비밀을 공유하지는 않으며, 심지어 자녀도 부모에게 숨기는 게 있다. 우리는 그 누구도 소유할 수 없고, 그 누구도 우리를 소유할 수 없다. 그렇기에 상황에 따라 관계를 맺는 상대방에게 드러내는 것과 감추는 것이 다를 수밖에 없다.

어리석은 길을
따라가지 마라

많은 사람이 실수로 필연을 만든다. 실수로 잘못된 길을 들어섰을 때도 계속 그 길을 가면서 자신의 능력을 증명하려 한다. 잘못된 선택도 이겨낼 수 있다는 사실을 보여주려 하지만 이는 곧 후회로 이어진다. 마음속에는 후회가 가득하지만 겉으로는 변명한다. 초반에 한 실수는 부주의해서 저질렀다 생각하고 넘어가지만 비슷한 실수가 반복되면 결국 어리석은 자로 각인된다. 예정에 없던 약속이나 실수로 한 다짐은 실제로 구속력이 없다. 그런데도 어떤 사람은 약속이나 한 듯이 계속해서 어리석은 짓을 저지르고 어리석은 사람이 되려고 한다.

잊어야 할 일은
빨리 잊어라

망각하라. 이것은 기술이라기보다 운의 문제에 가깝다. 우리는 잊어야 할 것을 가장 잘 기억하고, 기억해야 할 것은 잘 잊는다. 기억이란 제멋대로여서 가장 필요할 때는 나타나지 않는다. 또한 기억은 어리석어서 원하지 않는 곳에 자신의 모습을 드러낸다. 고통스러운 일을 떠올릴 때는 적극적으로 참여하지만, 즐거운 일을 회상하려 하면 게으름을 피운다. 나쁜 일을 당했을 때 필요한 치료제는 그 사건을 잊는 것이다. 좋은 기억을 떠올리는 습관도 꼭 필요하다. 기억은 사람을 천국으로도, 지옥으로도 데려다주기 때문이다. 단, 단순한 일에도 행복할 줄 아는 사람은 굳이 망각하려 애쓰지 않아도 된다.

너무 많이
소유하지 마라

사람은 어떤 것이 자신의 소유가 아닌 남의 소유일 때를 더 즐긴다. 남의 떡이 더 커 보이듯, 남의 것이 두 배로 즐거워 보이는 법이다. 남의 것은 망칠 염려도 없고 항상 신선해 보인다. 내 것이 아니면 모든 것이 다 좋아 보인다. 심지어 우물물도 다른 사람의 것이라면 꿀처럼 달게 느껴진다.

무엇이든 소유하게 되면 그때부터는 즐길 수 없을 뿐 아니라 날이 갈수록 성가셔진다. 결국 소유는 다른 사람을 위해 물건을 맡아두는 것과 다름없다. 또, 더 많이 소유할수록 친구보다 적이 많아지는 법이다.

부주의한 사람이
되지 마라

운명은 속임수를 좋아하며 우리를 붙잡을 기회를 호시탐탐 노린다. 우리는 항상 시험의 때를 위해 지성과 지혜, 용기와 아름다움을 준비해 놓아야 한다. 주의를 기울이지 않고 살면 곧 불명예의 날을 맞이할 것이다.

가장 조심스러워야 하는 날에 가장 방심하는 법이다. 부주의함은 우리를 파멸로 이끄는 장본인이다. 전쟁을 준비하는 군사는 갑작스러운 상황에서도 시련을 완벽하게 통과하도록 훈련한다. 이처럼 예상치 못한 상황에서도 주의를 잃지 않도록 노력하라. 영광의 날은 언제고 오고 만다. 하지만 예상치 못한 날 부지불식간에 등장하여 당신의 용기를 혹독하게 시험한다.

곤경은 유능함을
증명할 수 있는 발판이 된다

어려운 일을 처리하면 자신의 유능함을 한 번에 증명할 수 있다. 물속에서 익사하지 않으려고 수영하는 법을 터득하는 것과 같은 이치다. 어려운 일을 처리하다 보면 이제껏 감춰졌던 용기와 지식, 재능을 발견할 수 있다.

곤경은 자신의 이름을 날릴 수 있는 기회가 된다. 고귀한 사람은 곤경에 처했을 때 더 많은 일을 한다. 스페인의 이사벨라 여왕은 이런 삶의 규칙을 잘 이해했다. 그녀는 자기 자신뿐 아니라 아랫사람에게도 이 규칙을 적용했고, 시험에 통과한 사람은 불멸의 명예를 얻었다. 이렇게 이사벨라 여왕의 손을 거쳐 많은 위인이 탄생했다.

너무 선한 사람은
곧 악한 사람이다

화를 내지 않아 되레 악을 자초하는 경우를 만들지 말라는 뜻이다. 이 정도로 둔한 사람은 제대로 된 인격체라 할 수 없다. 이는 게으름에서 오는 게 아니라 무능력에서 온다. 사람이라면 때로는 공격적인 감정도 표출할 수 있어야 한다.

새들도 허수아비를 알아보고 비웃는다. 건강한 음식은 쓴맛과 단맛을 모두 가진다. 단맛으로 가득한 음식은 어린아이나 어리석은 사람을 위한 음식일 뿐이다. 너무 선해서 무감각해지는 것은 악한 것과 같다.

향기로운
말을 하라

비단결처럼 부드러운 말과 달콤한 매너를 겸비하라. 나쁜 말은 몸을 뚫는 화살과 같아서 영혼에 상처를 입힌다. 반면에 향기로운 말은 한마디만으로 천 냥 빚을 갚을 수도 있고, 불가능도 가능하게 한다. 향기로운 말을 하기 위해서는 훌륭한 기술이 필요하다. 우리는 돈이 아닌 분위기로 거래한다. 용기와 힘은 고귀한 분위기에서 나온다. 향기로운 말로 당신의 입을 채우고, 악의를 품은 사람마저도 당신이 하는 말을 즐길 수 있게 만들어라. 상대방을 즐겁게 하려면 자기 자신이 먼저 평화로워야 한다는 사실을 함께 기억하라.

어리석은 사람은
일을 미루는 것이 습관이다

지혜로운 사람은 단번에 하지만 어리석은 사람은 끝까지 미룬다. 지혜로운 사람과 어리석은 사람 간에 차이점은 일을 하는 데 걸리는 시간에 있다. 지혜로운 사람은 일을 제때에 하지만 어리석은 사람은 제때에 하지 않는다. 시작이 엉망진창이면 끝도 그러하다. 어리석은 사람은 포기해야 할 일을 끝까지 물고 늘어지며, 오른쪽으로 돌아야 할 때 왼쪽으로 돌며, 하는 짓은 어린아이와 같다. 이런 사람을 바른길로 인도하는 유일한 방법은 알아서 하게 두지 않고 강제적으로 시키는 것이다. 반면에 지혜로운 사람은 끝내야 하는 일을 즉시 알아차리고 기꺼이 행하기 때문에 존경받는다.

신선함을
활용하라

사람들은 무엇이든 신선하면 좋아한다. 평범하더라도 새로운 것은, 훌륭하지만 익숙한 것보다 훨씬 인정받는다. 하지만 능력은 사용할수록 닳고, 새로움은 오래가지 않는다. 따라서 신선함의 수명이 짧다는 것을 먼저 기억하라. 신선함의 열기가 사그라지면 신선함은 습관적인 포만감과 교환되기 때문이다.

모든 것은 자신만의 계절이 있고, 그것은 빨리 지나간다. 그렇기 때문에 첫 평가를 잘 활용할 줄 알아야 한다. 사람들이 빠르게 쏟아내는 찬사 가운데 이용할 수 있는 것은 얼른 움켜잡고, 그 열기가 채 가시기 전에 활용하도록 하라.

모두가 좋다고 하는 것을
혼자 비난하지 마라

많은 사람이 좋아하는 데에는 그만한 이유가 있다. 이해할 수 없더라도 많은 사람이 좋아하면 좋은 것으로 생각하라. 특이한 사람은 환영받지 못하며, 특히 이런 사람이 잘못하면 비웃음을 산다. 또 사람들의 인정을 받지 못하기 때문에 비판해도 아무런 영향을 미치지 못한다. 결국 자신의 취향만 손가락질 받으며 외톨이가 된다.

만약 많은 사람이 좋아하는 것에서 좋은 점을 찾을 수 없어도 바로 비난하지 마라. 행여나 비난하는 이유가 낮은 안목 때문이라면 무능함을 사람들에게 쉽게 들킬 수 있기 때문이다. 낮은 안목은 보통 무지해서 생긴다는 사실을 유념하라. 모든 사람이 좋아한다면 좋은 것이다.

살면서 꼭 지켜야 할 기본적인 덕목이 아니라면
정해진 규칙에 얽매이지 마라.
모든 일은 정해진 법이 없다.
오늘 낭비했던 물이 내일은 부족할 수 있는 법이다.

잘 모르는 길을 갈 때는
가장 안전한 길을 선택하라

남다르다고 칭찬받지는 못하더라도 확실한 사람으로 여겨질 수 있다. 잘 알면 원하는 대로 행동해도 된다. 하지만 잘 모르는 데도 굳이 위험한 길을 선택하면 파멸하기 쉽다. 잘 모르겠으면 옳은 길을 선택하라. 이미 보장된 길은 실패할 확률이 적기 때문이다. 또 아는 것이 적으면 왕도를 선택하라. 잘 알든 모르든 독특한 것보다 안정적인 것을 선택하는 사람이 영리한 사람이다.

The World's Wisdom | 300

예의는
사람을 움직인다

예의로 물건을 팔아라. 예의가 있으면 사람을 쉽게 움직일 수 있다. 관심이 있어서 물건을 사려는 것과 보답의 마음으로 물건을 사려는 것은 절대 같을 수 없다. 예의는 사람들에게 마음의 빚을 지게 한다. 선량한 사람에게는 마음의 빚만큼 비싼 것이 없다. 관대한 마음과 예의가 최고의 선물이다. 예의가 있으면 물건을 두 배의 가치로 팔수 있다. 물건의 가치에 예의의 가치가 얹히기 때문이다. 하지만 천박한 사람에게는 관대한 행동을 해도 별 쓸모가 없다. 이들은 예의범절이라는 언어를 이해하지 못하기 때문이다.

상대방의
기질을 파악하라

상대방의 의도를 알기 위해서는 기질을 먼저 이해해야한다. 원인을 알면 결과를 알 수 있듯이 기질을 이해하면동기를 알아챌 수 있다. 우울한 자는 항상 불운을, 험담하는 자는 소문을 먼저 예상한다. 선이 무엇인지 알지 못하는 사람은 손쉽게 악을 저지를 수밖에 없다. 정욕에 따라움직이는 사람은 있는 그대로 말하지 않고 정욕에 따라말한다.

사람은 자신의 감정이나 기분에 따라 말한다는 사실도기억해야 한다. 그리고 이런 말은 진실과 거리가 멀다는사실도 함께 유념하라. 다른 사람의 표정을 읽는 법을 배우고, 마음을 판독하는 법을 배워라. 만약 어떤 사람이시도 때도 없이 웃기만 한다면 어리석은 자라고 여겨도된다. 반대로 절대 웃지 않는 사람이 있다면 무언가를 숨기고 있다고 생각해라. 또, 뜬소문을 많이 퍼트리는 사람이 있다면 그 사람은 수다쟁이 혹은 첩자일 가능성이 높기 때문에 조심해야 한다. 추한 사람은 자연의 순리를 존중하지 않기 때문에 그에게서는 선을 기대하지 않는 편이 낫다. 아름다움과 어리석음은 언제나 동행한다.

아무리 장점이 많아도
매력이 없으면 소용 없다

매력적인 사람이 되어라. 상냥한 사람이 되도록 자신을 관리하여 다른 사람의 호감을 사라. 매력이 뒷받침되지 않으면 아무리 장점이 많아도 소용없다. 매력이 있으면 다른 사람의 인정을 쉽게 받을 수 있고, 다른 사람을 손쉽게 움직일 수 있다. 매력이란 타인을 다스리는 가장 효과적인 자질인 셈이다. 인기는 운의 문제지만 기술이 있으면 더 큰 효과를 거둔다. 타고난 매력이 있으면 제일 좋지만 매력을 타고나지 않았더라도 기술을 잘 이용하면 호감을 높여 많은 사람에게 사랑받을 수 있다.

체면을 너무 놓아도,
너무 지켜도 안 된다

다른 사람과 어울릴 때는 체면이 허락하는 범위 내에서 하라. 많은 사람에게 호감을 얻으려면 대부분이 가는 방향을 따라가고, 체면도 어느 정도 내려놓을 수 있어야 한다. 하지만 아무리 체면을 내려놓더라도 선을 넘지는 마라. 선을 넘으면 대중 앞에 웃음 거리가 될뿐더러 조심스럽지 못한 사람으로 비춰질 수 있다. 평생 노력하며 얻은 것을 한순간의 쾌락 때문에 모두 잃어버릴 수 있다. 하지만 그렇다고 사람들과 거리를 두어서는 안 된다. 혼자 튀는 행동은 다른 사람을 비난하는 행동과 마찬가지다. 정숙한 척 행동하지도 마라. 종교적 믿음도 지나치면 우스꽝스럽다.

당신의 기질을
새롭게 하는 법을 배워라

여기에는 천성과 후천적 노력이 모두 필요하다. 7년마다 성격이 변한다는 말이 있다. 우리는 더 나은 사람이 되고, 귀한 안목을 얻기 위해서 변해야 한다. 사람은 태어나서 7년이 지나면 이성의 빛이 나타난다. 그리고 그 빛이 모이면서 점차 탁월한 사람으로 변해간다. 변화를 인정하고 더 나은 사람이 되도록 노력하면서 타인의 성장도 함께 빌어주어라. 변화하는 과정에서 사람은 자신의 위치나 직업을 바꾸며 행동도 자연스럽게 바꾼다. 하지만 잘 변하지 않다가 최고조로 무르익고 나서야 변화된 모습을 보이는 사람도 많다. 사람은 20세에 공작새가 되고, 30세는 사자, 40세는 낙타, 50세는 뱀, 60세는 개, 70세에 원숭이가 된다. 그리고 80세가 되면 아무것도 아닌 존재가 된다.

자신을
드러내라

자신을 잘 드러내면 재능을 빛낼 수 있다. 각 재능이 빛을 발하는 때는 따로 있다. 그때를 잘 활용하라. 매일이 승리의 날일 수는 없기 때문이다.

자신을 드러내는 능력에다 다양한 재능까지 갖추면 기적과도 같은 사람이 된다. 이 세상이 창조될 때도 빛으로부터 시작했다. 잘 드러낼 수 있으면 많은 것이 채워진다. 그리고 그 능력에 탁월함이 더해지면 사람 자체가 빛난다. 완벽함을 허락한 하늘은 완벽함을 잘 드러낼 수 있는 도구도 함께 허락했다. 자신을 드러내는 기술이 없으면 완벽함도 소용없기 때문이다.

탁월함을 드러내야 할 때는 따로 있다. 하지만 지나치게 과시하면 나중에 무너진다. 따라서 무엇보다 자신을 드러낼 때는 가식이 없어야 한다. 과장과 가식은 허영이며 경멸을 낳는다. 천박한 사람을 피하기 위해서는 중용의 지혜가 필요하다. 지혜로운 자는 과함을 경멸한다. 때로는 무언의 웅변이 자신을 잘 드러내는 방법이 된다. 지혜롭게 감추는 것이 가장 효과적으로 자랑하는 방법이란 뜻이다. 시야에서 멀어지면 호기심이 최고조로 자극된다. 자신의 탁월함을 한 번에 다 드러내지 말고, 조금씩 드러내도록 하라. 모든 업적은 더 큰 업적을 위한 발판으로 삼고 첫 찬사는 다음을 위해 아껴두도록 하라.

매사에 조심하여
악명을 얻지 않도록 하라

탁월함도 악명 앞에서는 결점이 된다. 사람들은 어떤 사람이 지나치게 특이하면 비난한다. 비난이 쌓이면 악명이 되고 악명은 사람을 외톨이로 만든다. 아름다운 사람이라도 지나치게 꾸미면 그 아름다움 때문에 공격받고 불명예를 얻는다. 악한 사람 중에는 날마다 새로운 악행을 자행하며 악명을 자초하는 사람도 있다. 마찬가지로 지성도 너무 과하면 쓸데없는 다변가로 전락할 수 있다.

말꼬리를 물고 늘어지는
사람에 맞서지 마라

반박하는 사람에게 그대로 반박하지 마라. 이렇게 반박하는 이유가 원래 저속한 사람이라서 그런지, 아니면 다른 악한 의도가 있는지 구별해야 한다. 전자의 경우라면 그냥 대화의 어려움 정도로 끝나지만, 후자의 경우라면 위험의 늪에 빠질 수 있다. 마음을 캐내려는 첩자를 대할 때는 신중함이 제일 중요하다. 신중함이라는 열쇠로 마음을 굳게 지키고 보호해야 한다.

믿을 수 있는
사람이 되어라

오늘날 정당한 거래는 실종되었다. 신뢰를 주는 사람은
물론 약속을 지키는 사람이 드물고, 훌륭한 일에 따른 보
상은 적어졌다. 배반을 일삼으며 두려움을 야기하고, 약
속을 어기며, 기만을 일삼는 무리가 많다. 이런 행동은
따라야 할 본보기가 아닌 삼가야 할 경고로 봐야 한다.
이런 바람직하지 못한 광경 앞에서 사람이라면 누구나
자신의 위엄을 잃을 위험에 처한다. 명예로운 사람은 자
신이 누구인지 잊지 않는 동시에 다른 사람이 누구인지
도 알아본다.

사리에 밝은 사람의
호의를 얻어라

뛰어난 사람이 보여주는 미적지근한 긍정이 어리석은
사람이 보내는 찬사보다 훨씬 가치 있다. 알맹이가 없는
쭉정이로는 밥을 지을 수 없다. 현명한 사람은 늘 신중하
기 때문에 그가 하는 칭찬은 만족감을 줄 뿐 아니라 어디
서든 인정받는다. 고대 그리스의 현자 안티고누스는 자
신의 영광을 제우스 신에게 돌렸고, 플라톤은 아리스토
텔레스를 아카데미의 정신이라 부르며 칭찬했다. 어떤
이들은 대중의 값싼 칭찬으로만 배를 채우려 하지만, 군
주는 대중의 값싼 칭찬 대신 위대한 작가의 칭찬을 필요
로 한다. 추한 사람이 자신의 모습을 그리는 화가의 붓끝
을 두려워하듯 군주는 그들의 펜 끝을 두려워한다.

부재는 종종
가치를 빛내는 도구가 된다

필요한 경우에 부재하면 더 가치 있는 사람으로 부각될 수 있다. 너무 자주 얼굴을 보이면 그만큼 가치가 줄지만 신비주의를 적당히 유지하면 가치가 높아진다. 하지만 신비주의로 존재감이 부각되던 사람이 정작 터무니없는 결과를 들고 나타나면 사람들은 더 크게 실망한다.

재능도 빈번히 사용되면 흔한 능력으로 여겨진다. 사람은 알맹이의 진짜 쓰임새보다 겉껍질에 관심을 갖는다. 상상은 실제로 눈에 보이는 것보다 더 부풀려지는 법이다. 사람은 들리는 소문에 상상을 더하고, 그 상상은 입에서 입으로 옮겨가며 부풀려진다. 대중 평판의 중심에 선 사람이라면 자신의 명성을 잘 지킬 줄 알아야 한다. 불사조는 새로운 부활을 위해 잠시 자취를 감춘다. 부재는 다른 이의 욕망과 호기심을 자극한다.

유레카의
순간을 잡는 법

유레카의 순간은 천재에게 주어지는 선물과도 같다. 하지만 순간의 행운은 광기 없는 천재에게 오지 않는다. 유레카의 순간이 천재에게 주어지는 징표라면, 수단을 잘 선택하는 능력은 분별력 있는 사람의 표식이다. 유레카의 순간은 특별한 은혜로 아주 드물게 나타난다. 누구나 뒤따라 할 수는 있지만 최초가 될 수는 없다. 최초가 되는 것은 탁월한 재능을 지닌 소수만이 할 수 있다. 신선하면 주목받고, 만약 여기에 성공까지 하면 두 배의 신뢰를 얻을 수 있다.

하지만 분별력의 문제에서 참신함이 기준이 되면 위험하다. 참신함만 추구하다 보면 아이러니한 상황으로 이어질 수 있기 때문이다. 하지만 천재는 참신함이 있어야 칭찬받는다. 단, 참신함을 인정받으려면 성공이 전제되어야 한다.

성가신
사람이 되지 마라

다른 사람에게 존경받고 싶으면 먼저 자기 자신을 존경하라. 그리고 자신을 너무 자주 드러내지 말고 아껴라. 그러면 다른 사람에게 환영받을 수 있다. 초대받지 않은 자리에 나타나지 말고 초대받았을 때만 등장하라. 자발적으로 위험한 일을 맡지 마라. 그 일이 실패라도 한다면 실패에 대한 원망은 당신에게 돌아갈 것이고, 성공한다고 해도 아무도 감사하지 않을 것이다.

성가신 사람은 언제나 비난의 대상이 된다. 이런 사람은 처음에는 수치심 없이 일을 시작하지만 일이 끝날 때는 수치심을 안고 나오기 마련이다.

위험을 무릅쓰고
불운한 사람을 돕지 마라

불운한 사람을 도우려다 같이 위험에 빠지지 마라. 늪에 빠진 사람을 잘 알아봐야 한다. 도우려는 사람들이 어떻게 불운한 사람에게서 위로를 얻으려고 하는지 잘 살펴보아라. 이런 사람은 그저 자신의 불운을 견디기 위해 도움을 청한다. 불운한 사람을 도와주는 사람은 보통 과거에 잘 나갈 때는 그들을 거들떠보지도 않던 사람들이다. 같은 처지에 있는 사람이 도움의 손길을 내미는 법이다. 따라서 물에 빠진 사람을 도울 때는 특별히 조심해야 한다. 자칫 잘못하면 둘 다 익사할 위험에 빠진다.

모든 책임을
혼자 지려 하지 마라

책임을 지면 그 일의 노예가 된다. 다른 사람보다 운이 더 많이 따라주는 사람도 있고, 항상 남에게 베풀며 사는 사람도 있다. 자유는 다른 어떤 선물보다 귀하다. 다른 사람이 당신에게 의지하게 만드는 것보다 누구에게도 구속되지 않는 게 낫다. 구속되지 않으려면 힘이 있어야 하고, 힘이 있으면 선한 일을 더 많이 할 수 있다. 책임을 호의로 착각하지 마라. 책임을 지우는 것은 당신을 의도적으로 구속하려는 경우일 때가 많기 때문이다.

정념에 사로잡힌 채
행동하지 마라

정념에 사로잡히면 모든 것을 잃는다. 자기 자신이 아닌 상태에서 행동하면 자기 뜻대로 행동할 수 없다. 정념은 이성을 몰아낸다. 이런 경우에는 제삼자를 개입시키도록 하라. 제삼자는 객관적이고 침착하기 때문에 한 수 앞을 볼 수 있다.

혹여나 이성을 잃을 기미라도 보이면 후퇴하는 것이 현명하다. 거꾸로 솟아난 피는 그 즉시 쏟아지는 법이다. 화를 분출하면 일을 그르치게 된다는 말이다. 순간의 잘못은 평생의 후회로 이어지며 끝없는 원망을 낳는다.

이 순간을
살아라

우리의 행동과 생각을 포함한 모든 것은 상황이 결정한다. 세월은 사람을 기다리지 않으므로 할 수 있거든 지금 하라. 살면서 꼭 지켜야 할 기본적인 덕목이 아니라면 정해진 규칙에 얽매이지 마라. 모든 일은 정해진 법이 없다. 오늘 낭비했던 물이 내일은 부족할 수 있는 법이다. 자신의 방식에 모든 상황을 억지로 꿰맞추려는 무지몽매한 사람도 있다. 하지만 현명한 사람은 신중함의 극치가 바람을 잘 타는 데 있다는 사실을 안다.

경솔함은
명예를 잃게 만든다

사람은 상대방이 자신과 다를 바 없다고 생각하면 그 사람을 평가절하하기 쉽다. 가벼워 보이면 그때부터 위엄을 잃는다. 가볍게 행동하는 경솔함이 명예를 잃는 가장 손쉬운 방법이다. 신중하다고 여겨지면 더 존경받고, 경솔하다고 여겨지면 무시당한다. 존경을 앗아가는 실패가 가장 큰 실패다. 또, 경솔함은 진중함의 반대말이다. 나이를 먹으면 그만큼 신중해지는 게 마땅한데도 경거망동하는 사람이 있다. 누구나 쉽게 경거망동할 수 있지만 경거망동하면 어디에서도 환영받지 못한다. 경솔함으로 위엄을 잃지 마라.

존경심을 품은
사랑을 추구하라

존경과 사랑을 한꺼번에 얻을 수 있는 사람은 천운을 타고난 사람이다. 일반적으로 사람은 존경받는 사람을 감히 좋아하려 들지 않는다. 존경과 호감을 별개로 생각한다는 뜻이다. 사랑은 증오보다 더 세부적인 감정이며 명예와는 잘 어울리지 않는다. 사랑은 신뢰를 만들지만, 개인적인 신뢰와 열정이 깊어질수록 존경심은 사라지기 마련이다. 존경받기에 몰두한 나머지 다가서기 힘든 사람이나 두려움의 대상이 되면 안 된다.

정열적인 사랑보다는 존경심을 품은 사랑을 추구하도록 하라. 온전한 사랑을 받을 수 있는 비결이다.

시험할 줄도
알아야 한다

신중한 사람은 악한 사람의 덫에 걸리지 않는다. 다른 사람을 시험하기 위해서는 훌륭한 판단력이 필요하다. 사물의 특성보다 사람의 특성과 자질을 잘 파악하는 것이 훨씬 중요하다. 사람을 파악할 수 있는 통찰력이 살아가는 데 가장 필요하다. 두드려 나는 소리로 금속을 분별하듯 사람은 말투로 파악할 수 있다. 말은 위엄의 증거요, 행동은 더 확실한 증거다. 따라서 아주 신중히 행하고, 깊이 있게 관찰하고, 세심하게 분별하며, 현명하게 판단하는 사람이 되어야 한다.

자질과 능력이 맡은 일을
능가하는 사람이 되어라

자신의 위치가 얼마나 높든지 간에 항상 맡은 일을 능가하는 사람이 더 높이 올라간다. 그리고 그 일이 중요할수록 능력은 확장된다. 반대로 맡은 일을 뛰어넘지 못하는 편협한 사람은 쉽게 신뢰를 잃고, 책임감과 명성이 낮아지기 때문에 슬픔에 잠긴다. 로마 황제 아우구스투스는 훌륭한 군자가 되기보다 훌륭한 인간이 되는 데 더 힘을 썼다. 고상한 마음을 품어 빛을 발하고 자신감으로 무장하여 기회를 잡도록 하라.

성숙함은
습관에서 보여진다

성숙함은 겉모습으로도 드러나지만 습관에서 더 많이 드러난다. 금속의 가치는 무게로 판단하고 인간의 가치는 도덕성을 보아 판단한다. 성숙함은 능력의 마지막을 장식하고 존경심을 불러일으킨다. 침착한 태도는 영혼의 외관을 완성한다. 따라서 침착한 사람은 무감각하거나 어리석고 경솔하지 않으며 권위 있고 차분한 분위기를 형성한다. 이런 사람은 격식에 맞게 말하고 그에 걸맞게 행동한다.

사람은 성숙함으로 완성된다. 각 사람은 성숙함의 정도에 따라 온전한 사람이 된다. 어린아이를 벗어났으면 진지함과 권위를 갖기 시작해야 한다.

균형 있는
시각을 유지하라

모든 사람은 자신의 관심에 따라 세상을 본다. 그리고 스스로가 풍부한 식견을 갖추고 있다고 생각한다. 전혀 다른 견해를 지닌 두 사람이 있다고 하면, 일반적으로 각자 자신의 생각이 이성적이라 생각한다. 하지만 이성은 언제나 그 자체로 참이므로 두 얼굴을 지니지 않는다. 이런 어려운 상황에서 지혜로운 사람은 특히 신중하게 행동한다.

다른 사람의 견해에 따라 결정하면 정작 자신의 견해에 의문이 생길 수 있다. 이런 경우에는 다른 사람의 입장에서 생각해 보고, 그 견해를 뒷받침하는 근거가 합당한지 먼저 살펴야 한다. 그러면 상대방에 대한 비난을 멈출 수 있다. 동시에 자기 자신의 견해에 품었던 의문을 해결할 수 있다.

자신이 하지 않은 일까지
손대려 하지 마라

많은 사람이 기여한 바가 조금도 없는 일에 자신의 숟가락을 얹으려 한다. 이렇게 이해할 수 없는 행동을 조금의 거리낌도 없이 행한다. 찬사란 카멜레온과 같아서 금방 비웃음으로 탈바꿈하기도 한다. 허영심은 항상 불쾌하며 다른 사람의 업적을 탐내는 일은 비열한 짓이다. 다른 사람의 업적을 탐내는 사람은 개미처럼 여기저기 돌아다니며 다른 사람이 이룬 업적의 일부를 하나씩 훔쳐 모은다.

업적이 클수록 과장하지 말아야 한다. 열심히 했다면 그것으로 만족하고 평가는 다른 사람에게 맡겨두어라. 단, 업적은 드러내되 팔지는 말아야 한다. 거짓으로 가득한 땅에서 칭찬을 받기 위해 부패한 나팔수를 내세우지 말아야 한다. 이렇게 하면 진정으로 아는 사람에게서 조롱만 받게 된다. 영웅처럼 보이려고 하지 말고 진정한 영웅이 되기를 힘써라.

고귀한 자질이
고귀한 사람을 만든다

한 명의 고귀한 자가 다수의 평범한 자보다 훨씬 가치 있다. 사람은 자신이 소유한 모든 것을 가능한 한 위대하게 보이게 하려고 노력한다. 하물며 위대한 사람은 위대한 영혼의 자질을 소유하기 위해 얼마나 더 노력해야겠는가! 신에게 모든 것은 영원하며 무한하다. 이처럼 영웅은 자신의 모든 것이 위대해야 한다. 그리하여 모든 행동과 심지어 말에도 탁월함이 스며들어야 한다.

다른 사람이 보고 있다고
생각하고 행동하라

사방팔방에 자신을 보는 눈이 있다고 생각해야 한다. 벽에도 귀가 달려있다는 사실과 나쁜 행동은 언젠가는 되돌아온다는 사실을 기억해야 한다. 심지어 홀로 있을 때도 모든 사람이 자신을 보고 있다고 생각하고 행동해야 한다. 자신이 하는 행동은 어떤 식으로든 알려지며 자기가 하는 말은 누군가는 꼭 듣게 된다는 사실을 항상 유념해야 한다. 온 세상의 관심을 받고 싶은 사람은 벽을 넘어 자신을 보게 될 이웃 사람을 먼저 개의치 않을 수 있어야 한다.

뛰어난 사람의
세 가지 특징

뛰어난 사람은 깊고 이성적인 생각, 풍부한 능력, 유쾌하며 정제된 안목이라는 세 가지 선물을 하늘로부터 부여받는다. 좋은 생각보다는 상황에 맞는 올바른 생각이 더 좋다. 모름지기 생각이 생각에만 그치면 쓸모없다. 생각에만 그치지 않는 올바른 판단력은 이성적인 생각에서 나온다. 사람은 20대에는 의지가, 30대에는 지성이, 40대에는 판단력이 최고조에 달한다. 어두운 밤에도 잘 볼 수 있는 고양이의 눈처럼 빛나는 이성을 지닌 사람은 가장 어두울 때 가장 분명하게 생각한다. 또, 상황을 잘 파악하는 능력은 최고로 복된 능력이다. 이를 통해 매 순간 가장 필요한 것을 재빨리 생각해 내기 때문에 많은 것을 얻는다. 마지막으로 유쾌한 안목이 있으면 삶이 풍요로워진다.

부족함을
남겨두어라

수요는 가치의 척도다. 많은 사람이 원할수록 가치가 높아진다는 말인데, 그렇다고 해서 모조리 가져야 할 필요는 없다. 오히려 부족한 상태를 유지하는 게 행복할 수있는 비결이다. 갈증이 날 때는 갈증을 완벽히 해소하지않도록 해야 한다. 높은 안목을 가진 사람은 이런 방식으로 삶을 즐긴다.

좋을수록 적게 음미해야 배로 즐길 수 있다. 음미하는 횟수가 늘수록 실망이 뒤따르기 때문이다. 쾌락도 과식하면 위험하다. 최고 권력자들이 잘못된 길에 들어서는 이유가 여기에 있다. 음식을 제대로 즐기는 유일한 방법은 배를 완전히 채우지 않는 것이다. 배를 채우지 않아야 식욕이 돋는 법이다. 마찬가지로 욕망을 북돋기 위해서는 즐거움을 완전히 충족시키지 말고 부족한 상태로 두어야 한다. 부족한 상태에서 행복을 얻으면 배로 기쁘기 때문이다.

미덕이 넘치는
성인이 되어라

성인이 되기 위해 미덕을 행하라. 이것이 전부다. 미덕은 완벽함으로 들어가는 문이자 행복의 중심이다. 미덕으로 신중하고, 분별력 있고, 현명하며, 용감하고, 정직하며, 행복한 명예로운 사람이 된다. 진정한 영웅이 되는 것이다. 사람이 행복해지려면 3H, 즉 건강(Health)과 지혜(Headpiece), 고결함(Holiness)이 필요하다. 미덕은 인간이라는 소우주의 태양과도 같아서 선한 양심을 지킨다. 미덕은 아름답기 그지없어서 신과 인간 모두의 호의를 얻는다. 미덕만큼 사랑스러운 것도 없으며, 악덕만큼 혐오스러운 것도 없다.

미덕만이 가치가 있다. 사람이 지닌 능력과 위대함의 척도는 미덕이지 행운이 아니다. 미덕만 있으면 충분하다. 미덕을 행하는 자는 이생에서 사랑받고, 이생을 떠난 후에는 오래 기억된다.

인간적인 방법을 사용할 때는 신이 없는 것처럼 하고,
신의 방법을 사용할 때는 다른 대안이 없는 것처럼 하라.

아주 세속적인 지혜
The Wordly Wisdom

초판 1쇄 발행 2023년 3월 24일
초판 20쇄 발행 2024년 8월 6일

지은이 발타자르 그라시안(Baltasar Gracián y Morales)
옮긴이 강정선
펴낸이 김선준

편집이사 서선행
책임편집 최한솔
편집3팀 최구형, 오시정
마케팅팀 권두리, 이진규, 신동빈
홍보팀 조아란, 장태수, 이은정, 권희, 유준상, 박미정, 이건희, 박지훈
디자인 김혜림
경영관리팀 송현주, 권송이

펴낸곳 페이지2북스 출판등록 2019년 4월 25일 제 2019-000129호
주소 서울시 영등포구 여의대로 108 파크원타워1. 28층
전화 070) 4203-7755 팩스 070) 4170-4865
이메일 page2books@naver.com
종이 ㈜월드페이퍼 인쇄·제본 한영문화사

ISBN 979-11-6985-017-9 (03100)